서른 전에 한 번쯤은
심리학에 미쳐라

서른 이후 세상은 심리전이 난무하는 난장판이다

서른 전에 한 번쯤은
심리학에 미쳐라

웨이슈잉 지음 | 정유희 옮김

센시오

서른 이후,
더 이상 순수한 세상은 없다

'서른' 무렵은 가혹하다.

아직 파릇파릇한 청춘이라고, 네 앞에는 무한한 가능성이 펼쳐져 있다고 하지만 서른이 가까워지면서 우리는 깨닫는다. 섣부른 실수나 시행착오는 이제 더 이상 허용되지 않는 나이라는 것을. 아직 손에는 이렇다 할 무기를 쥐지도 못했는데 사방에서 쏟아지는 화살을 쳐내고 그 와중에 한 걸음씩이라도 앞으로 조금씩 내디뎌야 한다. 여기서 삐끗했다가는 안락한 마흔, 쉰은 없다는 위협감에 시달린다.

사회에서는 후배들을 통솔할 리더십을 요구한다. 상사들을 대상으로 적절한 처세를 할 줄도 알아야 한다. 어른스러운 노련함도 갖춰야 하고, 한편으로는 청춘답게 계속 발전해야 한다.

무엇보다 직장에서나 일상생활에서나, 사람과 사람 사이의 모든 관계에서 치열한 심리전을 치러야 한다. 사실 사회에 진출하기 전 비교적 너그러운 가족과 학교의 울타리 속에서 지낼 때도 우리는 숱한 심리전을 치렀다. 하지만 그때는 심리전의 승패에 따른 손익이 불분명했다.

사회에서 본격적으로 겪는 심리전은 차원이 다르다. 성실하게 업무를 수행했는데도 제대로 평가받지 못하거나, 나보다 능력이 부족해 보이는 동료가 먼저 승진하는 등의 불합리한 일이 비일비재하다. 주는 것 없이 받기만 하려는 동료, 생색도 안 나고 까다롭기만 한 업무를 은근슬쩍 떠넘기는 상사, 부하 직원의 공을 가로채는 선임도 빼놓을 수 없다. 이 전쟁의 결과에 따라 업무의 성패가 결정되고, 직책과 직급이 달라지고, 몸값이 달라지며, 결국 삶이 달라진다.

때때로 삶이 이처럼 불편해지는 이유는 이 모든 일을 사람이 하며, 사람에게는 '마음'이 있기 때문이다. 사람들은 저마다의 논리 위에 서서 자신의 마음에 따라 선택을 한다. 옳고 그름의 문제는 나중이다. 사람의 마음을 헤아리지 못하면 세상이 온통 부당하고 부조리하게만 보일 뿐이다. 현명한 방법은 저마다의 마음이 만들어지는 경로를 파악하여 여기에 대처하는 것이다. 물론 사회에 막 진입한 새내기들에게는 결코 쉽지 않은 일이다.

이 책은 인생에서 가장 혼잡한 '마의 구간'을 현명하고 효과적으로 건널 방법을 제안하기 위해 쓰였다. 심리전이 난무하는 난장판 같은 세상에 나서기 전에, 내 마음을 지키고 타인의 마음을 움직일 무기를 갖추기 바란다. 오해는 하지 말기를. 심리전에서 이긴다는 것이 상대를 깔아뭉개야 한다는 의미는 아니다(물론 그렇게 해야 할 때도 있지만). 심리전의 가장 바람직한 결과는 오히려 '공존'이다. 사람의 심리를 알면 한 차원 높은 관점에서 관계를 살필 수 있다. 사람과 사람 사이에 도사리고 있는 여러 가지 갈등과 문제가 눈에 보이고, 그 속에서 어떻게 대처해야 할지 큰 그림을 그릴 수 있으며, 상황을 나에게 유리하게 이끌 수 있다. 또한 더 너그러운 마음으로 세상을 품을 수 있다.

'상대를 알고 나를 알면 백 번 싸워 물러서지 않는다'라는 격언이 있다. 상대를 알고 나를 안다는 것은 사람의 심리를 꿰뚫는다는 뜻이다. 역사 속의 숱한 전쟁 역시 사실은 고도의 심리전이었다. 서른 무렵의 당신이 어떤 상황과 위치에 있든, 반드시 심리전에 대처하는 방법을 알아야 한다. 그럴 때 유리한 것은 취하고 해로운 것은 피함으로써 삶의 질을 부단히 끌어올릴 수 있다.

심리학이라는 도구는, 서른 앞에 놓인 가파르고 좁은 계단을 안정감 있게 차근차근 오르도록 도울 수 있다.

서른 즈음에는 '나'라는 발판을 단단하게 다져놓아야 한다. 그래야 다음 단계에서 헛발을 디디지 않을 수 있다. 이 발판의 '쓰임새'를 똑바로 파악하는 일을 되도록 서른 전에 마무리해야 한다. 이후부터는 그 '생김새'를 다듬고 보완하는 일에 주력해야 하기 때문이다.

또한 타인과의 관계에서 힘겨운 줄다리기를 벌이는 횟수를 되도록 줄여야 한다. 사람의 마음을 좀 더 자연스럽게 움직이고 얻어내는 법을 익혀야 한다. 윽박지르고 강요하는 방법만 고수한다면 '젊은 꼰대'가 되기 십상이리라.

그리고 세상 일이 꼭 내 생각대로, 내가 원하는 대로 움직이지는 않음을 깨달아야 한다. 컵이 흔들려도 넘치지 않게 빈 공간을 남겨두는 것처럼, 세상을 대하는 태도에 얼마간 여지를 남겨놓을 줄 알아야 한다.

'나'와 '타인'과 '세상'을 대하는 이 어른다운 방법에 대해서 책을 통해 이야기하려 한다. 이 책을 마친 당신의 시선이 조금 더 생산적인 방향으로 향하기를, 더불어 그 시선에 유연함과 포용력을 더할 수 있기를 바란다.

등산에 비유하자면 인생에서 서른이라는 나이는 산 중턱쯤에 해당한다.

저 아래 초입에서는 성큼성큼 가볍게 산을 올랐을 것이다. 하지만 이제 고도가 서서히 높아지면서 똑같이 움직여도 숨이 더 빨리 가빠지고 체력도 더 많이 소진된다. 성과가 쌓여갈수록 새로운 성과를 쌓기는 점점 더 힘들어지는 셈이다.

등산 초보들은 여기에서 흔히 주저앉는다. 웬만큼 올라온 것 같으니 이제 내려가서 땀도 식히고 든든하게 배도 채웠으면 싶다. 하지만 등산을 제대로 하는 사람들에게는 여기서부터가 시작이다. 힘든 걸음이지만 한발 한발 내디딜 때마다 정상과 가까워지는 것을 몸으로 체감할 수 있다.

당신의 서른 무렵이 산 아래를 향해 휘적휘적 내딛는 과정이 아니기를 바란다. 지금껏 열심히 올라온 걸음들이 산 정상으로 견고히 연결되기까지, 이 책에서 제안하는 마음의 전략과 관점들이 작은 도움이 되기를 희망한다.

청춘의 서슬 퍼런 잣대를 당신이 무사히 감당하기를.
가파른 계단을 지나 풍성하고 너그러운,
인생의 더 넓은 광장에 도달하기를 응원한다.

CONTENTS

CHAPTER 2

정글 같은 세상에서 살아남기 위한 심리학

CHAPTER 3

상대가 졌다는 사실을 모르게 이기는 기술

CHAPTER 4

까놓고 말해 무법천지인 세상을 슬기롭게 건너는 전략

CHAPTER 1

서른,
난장판에 뛰어들기 전에
나부터 바로 알기

DO BE INTO PSYCHOLOGY BEFORE 30

열등 콤플렉스
Inferiority complex

꼴사나운 갑질이나
허세 부리기는
이제 졸업하자

    스스로를 낮게 여기는 심리를 열등감이라고 한다. 열등감이 심한 사람은 자신을 평가하는 기준을 타인에 두고, 타인과 비교하면서 자신의 모습을 만들어간다. 미국의 사회학자 쿨리Charles Horton Cooley는 이렇게 형성된 사회적 자아를 가리켜 '거울 속에 비친 자아Looking-glass Self'라고 표현했다. 사회와 관계, 타인이라는 거울에 비친 자신의 모습을 자아로 받아들이기 때문이다.

    타인을 기준으로 삼아, 자신보다 뛰어난 사람을 닮겠다고 생각하는 것이 꼭 나쁘다고는 할 수 없다. 어릴 적 훌륭한 위인들의 이야기를 읽으며 원대한 이상과 삶의 방향을 그려보는 것은 충분히 바람직한 일이다. 하지만 서른이 가깝다면? 이제 아이들의 위인전은 손에서 내려놓아야 할 나이다.

성인이 되고 현실이라는 땅을 스스로 밟아나가면서, 어느 순간 우리는 거울 속에서 걸어 나와야 할 시기를 맞이한다. 나와는 비교할 수 없으리만큼 뛰어난 누군가의 장점을 망치 삼아 스스로를 담금질하는 일은 더 이상 생산적이지 않다.

자칫하면 도태되어 진흙탕에 뒹굴게 되는 서른 이후의 세상에서는 그렇게 소모적인 일에 마냥 에너지를 쏟을 수 없다. 내 안에서 어떤 전쟁이 벌어지고 있든, 나는 매일같이 한걸음씩 앞으로 나아가야 한다. '현실과 이상 사이에서 겪는 괴로움'을 운운하기에 세상은 너무 거칠고 또 빠르게 변화한다.

물론 지금보다 더 나아지려는 상승 욕구를 품는 것은 당연하다. 하지만 타인의 시선, 내가 넘볼 수 없는 타인의 잘난 부분에만 매달리면 나의 장점과 고유의 특성을 모두 깎아먹고 만다. 이런 심리적 부작용은 끊임없이 더 나은 지점을 바라보게 만들고, 닿을 수 없는 곳에 닿기 위해 에너지를 낭비하게끔 만들어 삶의 만족도를 떨어뜨린다.

정신분석학자 알프레트 아들러Alfred Adler는, 열등감이 높은 사람들은 이를 보상받으려 노력하는 과정에서 삶의 방식을 형성해나간다고 보았다. 만약 열등감을 긍정적으로 보상받지 못하게 되면 그 사람의 결점은 소위 말하는 콤플렉스로 발전하고 만다. 열등감의 또 다른 문제는, 바로 강한 반작용이다. 나보다 못한 것처럼 보이는 사람 앞에서는 열등감만큼이나 깊은 우월감에 사로잡혀 꼴사나운 갑질이나 허세를 부리게 된다.

열등감이 심한 사람들의 또 다른 특징은 비판에 지나치게 민감하다는 것이다. 정당한 비판을 제대로 수용하지 못하는 것은 물론이고, 남들이 가볍게 던지는 농담조차 왜곡해서 받아들이곤 한다. 상대방이 무슨 의도로 그런 말을 했는지 집요하게 물고 늘어지거나, 자신이 당했다고 생각하는 만큼 상대를 꼬집어야만 속이 풀리는 사람들이 이런 경우에 속한다.

이런 유형의 사람들은 또한 최악의 상황을 쉽게 염두에 두는 경향이 있다. 세상을 살다 보면 누군가에게 거절을 당하거나 뜻하지 않은 벽을 만나는 경우가 흔하다. 열등감은 그런 걸림돌들을 현미경으로 최대한 크게 확대하여 온갖 최악의 시나리오를 펼치도록 만든다. '나를 싫어해서 그러는 게 분명해', '내가 우스워 보이나 보지. 속으로는 비웃고 있을걸', '그런 꼴을 당하느니 차라리 여기서 관두는 게 나아'. 이렇게 끝없이 비극적인 사고회로를 돌리며 스스로를 지치게 만든다.

만약 서른도 되기 전에 이런 조짐이 보인다면 마흔, 쉰에는 누구도 가까이하기 싫은 '꼰대'가 되기 십상이리라. 병든 열등감으로 자신과 타인을 왜곡하고 싶지 않거든, 그리하여 나이들수록 '내가 되었을지도 모르는 사람', '내가 되었어야 하는 사람'에만 매달리고 싶지 않거든 시선을 온전히 자기 자신에게로 향할 줄 알아야 한다. 거울 속에서 허깨비가 아닌, 장점과 약점을 모두 끌어안은 '나'를 볼 수 있어야만 '꽤 괜찮은 서른'을 맞이할 수 있다.

'나'라는 발판이 단단해야
헛발질을 안 하지

Do Be into psychology before 30

지윤과 예은은 중학생이던 소녀 시절부터 친구였다. 지윤이 성격이 활달해서 여기저기 간섭하기 좋아하고 교우관계가 폭넓었던 반면, 예은은 소심하고 차분한 편이어서 거의 집과 학교만 오갔다. 극과 극은 통한다고, 두 사람은 자신과는 다른 상대방의 모습에 끌렸고 오랫동안 가장 가까운 친구로 지냈다.

입시를 치르면서 두 친구는 모두 원하는 대학에 떨어졌다. 지윤은 별다른 고민 없이 전문대학에 진학했고 예은은 재수를 택했다. 지윤은 졸업 후 의류를 취급하는 인터넷 쇼핑몰을 창업했는데, 때마침 온라인 산업이 성장세를 탄 덕분에 짧은 기간에 큰돈을 벌었다. 이후 규모가 꽤 커진 사업체를 운영하느라 한동안 정신없이 바쁜 나날을 보냈다.

그 시간 동안 예은은 다시 한 번 입시에 고배를 마시고 미래가 불투명한 삼수생 시절을 보냈다. 하지만 노력 끝에 결국 원하던 대학에 합격할 수 있었다. 졸업 후에는 평판이 꽤 좋은 중견 기업에 취직해서 성실하게 삶을 꾸려나갔다.

각자 객지 생활을 하는 두 사람이 잠깐이라도 얼굴을 볼 틈은 1년 한두 번, 명절 정도였다. 이따금씩 전화로만 소식을 주고받다가, 어느 날 지윤이 예은의 회사 앞으로 찾아오면서 오랜만에 마주앉게 되었다.

어느덧 직원 수십 명을 둔 여성 사업가로 성장한 지윤의 모습에서는 연륜과 여유로움이 엿보였다. 그런데 친구의 입에서 나온 한마디에 예은은 깜짝 놀라고 말았다.

"나, 지난주에 네가 다녔던 그 대학교 합격통지서 받았어. 오늘 여기 온 것도 집 알아보러 온 거야. 믿을 만한 동료가 있어서 하던 일은 잠시 맡겨두고 나도 제대로 공부를 해보려고."

웬만큼 높은 성적이 아니면 들어가기 힘든 대학이니, 사업으로 바쁜 와중에도 치열하게 공부를 병행했을 터였다.

"사실은…… 네가 많이 부럽더라. 네가 대학에 들어간 뒤 고향에서 볼 때마다 너랑 격차가 점점 벌어지는 것 같았거든. 너는 계속 새로운 걸 채우는데 나는 그냥 소진하는 느낌이라고 할까? 이대로는 안 되겠다는 생각이 어느 순간 들더라고."

친구의 이야기에 잠시 말문이 막힌 예은은, 자신도 담아만 두었던 속마음을 털어놓기 시작했다.

"그게 무슨 소리야, 나를 부러워하다니. 사실 내가 너를 얼마나 부러워했는데……. 너는 사업에 소질이 있고 대범하잖아. 그래서 일찌감치 독립해서 성공했고. 지금 하는 말이지만, 네가 그렇게 잘나갈 때 나는 혼자 독서실에 틀어박혀서 얼마나 초라한 기분이었다고. 너처럼 재주가 없어서, 그나마 할 수 있는 게 공부라서 악착같이 삼수까지 한 거야. 대학이라는 간판이라도 따야겠으니까. 너는 네가 얼마나 멋진지 잘 모르는구나. 너한테 어떤 상황이 닥칠 때마다 늘 올바로 판단하고, 거기서 경험하고 배우잖아. 굳이 대학에서 옛날 지식을 배울 필요가 있겠어?"

그날의 대화가 영향을 끼친 것인지, 지윤은 뒤늦게 진학한 대학을 2년 만에 자퇴하고 다시 사업에 매진했다. 경기에 따라 기복이 있기는 하지만, 회사는 업계에서 여전히 확고하게 자리를 지키고 있다. 결혼 후에는 남편과 함께 사업체를 운영하면서 두 아이를 키우는 중이다.

물론 새로 입학한 대학에서 2년 동안 허송세월을 한 것은 아니었다. 학업을 따라가지 못해 힘들었지만, 대학이라는 젊은 공간에서 다양한 사람들을 만나고 대도시의 문화를 접하면서 안목이 넓어졌다. 충분히 도움이 되었다고 생각했기에 학위를 포기한 것도 그리 미련이 남지 않았다.

예은의 말대로 지윤에게는 자기만의 장점이 있었다. 만약 사업을 다른 사람 손에 맡겨두고 미련하게 학업을 계속했다면, 졸업 후 다시 제자리로 돌아가기는 힘들었을 것이다. 지윤은 남의 떡이 커 보이는 순간 자신이 가진 것을 하찮게 여기는 실수를 저질렀다. 하지만 친구의 충실한 조언 덕분에 자신에게 정말 가치 있는 게 뭔지를 깨달을 수 있었다.

누구든 갖지 못한 것을 원하는 마음은 조금씩 있다. 때로는 열등감이 우리를 더 높은 곳으로 데려다주기도 한다. 저 사람처럼 되고 싶다는 염원에 성실한 노력이 더해져 긍정적인 결실을 맺는 경우도 얼마든 있다. 하지만 이때 중요한 것은 방향 설정이다. 내가 가진 것을 더 키워내는 방향이 아니라, 나에게만 있는 무언가를 덜어내고 쪼그라들게 만드는 방향은 어떤 성장도 불러오지 못한다. 남의 것이 더 그럴듯할 수는 있다. 하지만 내 것은 내 것이기에 가치가 있다. 나에게 최적화된 도구를 하찮게 여기고 남들의 화려한 도구에 현혹되는 실수를 우리는 너무 쉽게 저지른다.

더 높이 뛰어오르기 위해서는 딛고 선 발판이 단단해야 한다. 사람의 인생에서 이 발판은 바로 나 자신이다. '나'라는 발판을 먼저 충실하고 단단하게 다진 뒤라야 다음 단계에서 헛발을 디디지 않을 수 있다.

그리고, 이 발판의 '쓰임새'를 똑바로 파악하는 일은 되도록 서른 전에 마무리해야 한다. 이후부터는 그 '생김새'를 다듬고 보완하는 일에 주력해야 하기 때문이다. 그러므로 서른이 되기 전에 나를 찬찬히 살펴보라. 충분히 시간을 내어 내가 어떤 사람인지, 나라는 발판을 어떤 용도로 쓸 수 있을지 깊이 생각해보라. 나의 장점과 단점을 종이에 솔직하게 적어보자. 어떻게 방향을 설정해야 장점은 살리고 단점은 줄일 수 있을지 고민하자.

배는 두 가지 목적으로 닻을 내린다. 하나는 물살에 휩쓸리지 않기 위해서고, 다른 하나는 멀리 떠나기 전 정박하며 항해를 준비하는 경우다. 서른이라는 나이는, 이 두 가지 목적을 위해 인생이라는 배의 닻을 내려야 하는 시기다. '나'라는 존재에 대해 정체성이 확고한 사람은 시류에 쉬 휘둘리지 않는다. 그

리고 언제든 더 나은 지점으로 가기 위한 준비를 마친 후, 때가
되면 과감히 닻을 올린다.

누군가를 깔아뭉개야
내가 우월한 것이 절대 아니다

SNS가 활성화되면서 다양한 소셜미디어 채널에 개개인이 적극적으로 자신의 모습을 공개하는 시대가 되었다. 이곳에서 사람들은 얼굴이나 몸매를 과시하기도 하고, 고급 승용차나 값비싼 액세서리 등을 자랑하고, 호화로운 해외 리조트에서 찍은 사진을 공개하며 사람들의 관심과 칭찬을 갈구하곤 한다.

조금이라도 더 나은 모습을 표현하기 위해 외모를 보정해주는 필터나 앱을 사용하는 경우도 흔하다. 때로는 SNS상에서 어마어마한 재력을 과시하던 사람이 실상 다 거짓으로 연출한 것이라는 사실이 드러나 물의를 일으키는 경우도 있다.

아름다워 보이고 싶은 욕구, 사회적으로 성공한 사람으로 인정받고 싶은 욕구는 어쩌면 태곳적까지 거슬러 올라가는 인류의 오랜 욕망이리라. 누군가가 나를 향해 감탄하고 찬사를 보낼 때의 그 짜릿함은 어떤 유혹보다도 강렬하다.

하지만 과시욕은 열등감과 아주 가깝다. 누군가의 칭찬을 갈망한다는 것은, 자신에 대한 평가를 타인의 잣대에 맡겨버리는 것이나 마찬가지다. 사람들의 시선에서 멀어지면 자존감마저 희미해진다. 다시 말해, 나를 뽐내고 과시할 대상이 없다면 나의 존재 가치가 급격히 사라진다는 이야기다.

열등감의 뚜렷한 한 가지 특징은, 사람 자체가 아니라 그 사람이 가진 외적 요인을 대상으로 한다는 것이다. 누군가의 뛰어난 인격에 열등감을 느끼는 경우는 흔치 않다. 대부분은 얼굴이 얼마나 예쁜지, 몸이 얼마나 좋은지, 얼마나 멋진 곳으로 여행을 갔는지, 얼마나 좋은 직장에 다니는지를 잣대로 삼는다. 그러다 보면 자신도 모르게 스스로를 부정하거나 비하하게 된다. 남들이 나를 업신여길지 모른다는 불안감은 항상 대단한 사람으로 인정받아야 한다는 압박감으로 이어진다. 그래서 과시욕과 열등감은 이란성 쌍둥이다.

만약 SNS의 화려한 사진에서 값비싼 승용차와 고급스러운 배경을 뺀다면 무엇이 남을까? 인위적인 필터를 걷어내고 나면 무엇이 드러날까?

거기 남은 것에 스스로 만족하고 부끄러움 없이 드러낼 수 있어야 제대로 된 어른이라 할 것이다. 성숙한 어른은 '누가 나를 얼마나 대단하게 보느냐'보다, '나의 오늘을 스스로 격려하고 칭찬할 수 있느냐'에 의미를 둔다. 10대 아이들이라면 흔히 말하는 '허세'와 겉멋이 자연스러운 발달 과정이라고도 볼 수 있을 것이다. 하지만 서른이 가까운 나이에 아직도 누군가의 시선, 말 한마디에 휘청이고 남들의 일차원적인 평가에 부합하고자 헛된 에너지를 쏟는다면 그 사람은 충분히 성숙했다고 볼 수 없다. 타인의 시선에 자신을 가둔 것이나 마찬가지다.

열등감이 큰 사람은 타인의 실수를 집요하게 파고드는 성향을 보인다. 인간관계에서 늘 우열을 따지기 때문인데, 타인을 깎아내림으로써 위로 올라서겠다는 욕구가 무의식중에 발동되어 나타나는 행동이다. 누군가를 깔아뭉개는 행위를 통해 그 사람보다 내가 우위에 있다는 것을 확인하고, 일종의 잔학한 쾌감을 느끼는 것이다.

타인의 시선에서 벗어나야 하는 것은 바로 이 때문이다. 누군가는 몇 초간 들여다본 사진으로 나를 판단하고서 언제 그

랬냐는 듯이 시선을 돌린다. 여기에 얽매여 삶이 송두리째 흔들리기에는, 우리들 하나하나가 너무나 소중하고 가치 있는 사람이다.

타인의 시선에서 자유로운 나를 만나고 싶다면 스스로에게 말을 걸어보라.

"너는 누구니?"

답을 들을 수 없다 해도 괜찮다. 그 질문을 품은 것만으로도 당신은 자신에게 한층 더 집중하게 될 것이고 스스로와 오롯이 함께하는 시간을 더 깊이 가지게 될 것이다.

나르시시즘
Narcissism

psychology

자기애를 해결하지
못하면 삶이 고단하다

'자아도취' 상태를 뜻하는 나르시시즘이라는 단어는
물에 비친 자기 모습에 홀딱 반했다는 그리스 신화 속 인물 나
르키소스의 이름을 딴 것으로, 독일의 정신과 의사 폴 네케[Paul
Näcke]가 처음 사용했다. 정신분석학에 따르면, 유아기에는 본능
과 관심이 온통 자신에게 쏠린다고 한다. 이를 프로이트[Sigmund
Freud]는 '1차적 나르시시즘'이라고 표현한다. 대부분의 사람들
은 이 시기를 통과하면서 본능이나 관심이 가족이나 주변 사
람들에게로 확대된다. 문제는 인간관계에서 부정적인 경험을
반복한 끝에, 타인에게 지속적인 애정을 쏟기 힘들어질 때 생

긴다. 이런 경우 모든 관심이 자기 자신에게 집중되었던 유아기나 청소년기 상태로 회귀하게 되고 나르시시즘이 강화된다.

나르시시즘은 열등 콤플렉스와도 서로 연결된다. 나르시시즘이 강한 사람은 남보다 잘난 부분을 극도로 과시하다가도 남보다 못하다고 느끼면 순식간에 지나치게 풀이 죽는다. 때문에 협동이나 팀워크가 필요한 일에는 좀처럼 적응하지 못한다.

만약 나이 서른까지도 나르시시즘을 해결하지 못한다면, 삶은 갈수록 피곤해진다. 서른 즈음의 나이는 직장에서도 신입 티를 슬슬 벗어야 할 때다. 사회에 빨리 진출한 여성들의 경우 대리 급 이상의 위치에 오를 나이다. 후배들을 통솔할 리더십이 필요하며, 상사들을 대상으로 적절한 처세를 할 줄도 알아야 한다. 내가 조직의 중심이라고 생각한다면, 설령 그게 사실이라 할지라도 어떤 일이든 매끄럽게 이끌어갈 수가 없다. 타인의 입장을 고려하지 않고 자신의 기준대로 재단하려 하기 때문에 지원이 필요한 동료나 후배들을 배려하지 못한다. 만약 상사의 지적을 받기라도 하면 사기가 바닥까지 떨어져 업무의 능률은 형편없어진다.

어떤 회사나 조직에서도 홀로 고고히 빛나는 나르시시스트를 원하지 않는다. 서른 무렵에 필요한 것은 포용력과 공감 능력임을 기억하라.

Narcissism

자신이 평범한 사람일 수 있음을 인정하라

Do Be into psychology before 30

자부심을 갖는 것과 스스로를 과대평가하는 것은 엄연히 다르다. 전자는 자기 신뢰를 바탕으로 스스로를 당당히여기는 마음이고, 후자는 자신의 모습을 실제 이상으로 부풀려타인에게 과시하거나 스스로 그렇게 믿고 싶어 하는 이상 심리다.

이런 나르시시즘은 주변 사람들과의 관계도 물론 피폐하게만들지만, 누구보다 자기 자신에게 가장 큰 피해를 입힌다. 만약 조직에 이런 사람이 있다면 얼마 안 가 실체가 곧 드러나고만다. 말만 번지르르할 뿐, 실속은 하나도 없다는 것을 동료와 상사들이 눈치 못 챌 리가 없다. 혹여 정말로 능력이 특출하다 할지라도, 독불장군 같은 사고방식으로는 팀원들과 협업하여 일을 진행해나갈 수 없다. 그런 사람에게 중요한 프로젝트를 맡기거나 요직을 제안하는 직장은 없을 것이다.

정신이 건강한 사람이라면 이런 벽에 부딪혔을 때, 혹시 자신에게 어떤 문제가 있는 건 아닌지 돌아보고 점검하는 시간을 가질 것이다. 하지만 나르시시스트들은 그렇지 않다. 스스로의 생각과 말에 현혹되어 도달하기 힘든 지점까지 자신을 밀어붙이다가 끝내는 나가떨어지고 만다. 타의에 의해 무너지든, 자의로 주저앉든 결과는 마찬가지다.

서른 무렵, 사회에 발을 디디고 더 단단하게 자신의 토대를 넓혀나가는 시기에는 '모두가 입을 쩍 벌릴 만한 천재적인 능력'에 대해서는 환상을 버려야 한다. 언젠가는 신출귀몰하는 실력으로 모두의 코를 납작하게 눌러주겠다는 상상에 잠겨 있는가? 내가 속한 곳에서 그런 천재성을 발휘하는 주인공이 바로 나여야 한다고 믿는가? 혹시…… 내가 주인공이 아니라는 사실을 받아들이기 힘든가? 이제는 나르키소스가 빠진 그 연못에서 그만 헤어나올 때다.

당신이 평범한 사람일 수도 있음을 인정하라. 자신에 대한 믿음을 버리라는 이야기가 아니다. 오히려 자신을 더 견실하게 믿고 사랑할 수 있는 방법이다. 어디에서든 주인공이 되어야 직성이 풀리는 사람은 자신의 위치를 수시로 가늠하고, 타인의 평가를 반복적으로 확인하면서 존재감을 찾으려 한다. 그러다 보면 업무 자체에 집중할 수 없고, 필요한 능력을 온전히 발휘할 수도 없게 된다.

현대의 조직은 구성원의 역할을 세밀하게 구분한다. 한 사람이 한 가지 일을 잘해내기도 쉽지 않다. 사람의 능력에는 한계가 있어서 모든 분야에서 다 뛰어날 수는 없다. 육상 경기에서도 장거리 종목에 적합한 사람이 있고 단거리 종목에 뛰어난 사람이 있지 않은가. 어느 한 분야에 집중하여 의미 있는 성과를 낼 수 있다면 그것만으로 당신은 충분히 훌륭하다.

만약 조직이 좋은 성과를 냈다면 그것은 팀워크의 결과지 어느 한 사람의 공일 수 없다. 그 공을 모두 자기 몫으로 돌리고 싶어 하고 홀로 승리감에 도취된다면, 조만간 냉랭히 등을 돌린 동료들의 뒷모습을 바라보게 될 것이다.

Narcissism

세상은 당신 한 사람 때문에
존재하는 것이 아니다

Do Be into psychology before 30

'나는 특별한 사람이야'라는 주문은 누구에게나 때때로 필요하다. 하지만 이 주문은 처방전에 맞게 사용해야 한다. 수시로 오남용하는 경우에는 심각한 부작용을 불러온다. 나르시시스트 기질이 있는 사람이라면 '뭘 하든 내가 다 옳다'라는 독선에 빠지게 되며, 누구보다도 대단한 사람으로 보이고 싶다는 욕망 때문에 끝없이 남들의 시선을 의식하게 된다. 나 외의 다른 사람들은 모두 주변 인물, 조연에 불과하다.

그 결과 마음은 극도의 피로에 시달린다. 몸이 피곤할 때는 하룻밤 푹 자고 나면 금방 회복되지만, 마음은 딱히 잠재울 방법이 없다. 부작용 때문에 한번 녹초가 된 마음은 계속해서 더 피곤한 방향으로 흘러갈 뿐이다. 마음의 피로는 속절없이 누적된다.

그러므로, 이제는 새로운 주문을 떠올려보라. '평범해도 괜찮아', '남들보다 어떤 점이 부족해도 상관없어'. 사실이다. 세상은 어느 한 사람 때문에 존재하는 것이 아니다. 그 사실 하나만 기억해도 헛되고 무거운 정신의 굴레에서 벗어날 수 있다.

스스로에게 감당하지 못할 짐을 지워 결국 자멸하는 방식에서 벗어나라.

나를 담담히 사랑하고, 가벼이 존중하라.

인생이 한결 홀가분해질 것이다.

세상이
당신을 몰라주는 것이 아니라,
당신이 세상을 모르는 거다

Do Be into psychology before 30

　　많은 직장인들은 회사가 자신의 능력을 알아주지 않는다고 불평한다. 여기에는 '나는 실상 능력이 아주 뛰어난 사람'이라는 믿음이 전제로 깔려 있다. 그러니까 자기가 가진 능력과 회사의 보상이 비례하지 않는 데서 갈등이 비롯된다는 이야기다.

　　어떤 측면에서 이는 학교 다닐 때의 사고방식이 연장된 것이라 볼 수 있다. 학생 시절 우리는 모든 것을 양적으로 비교하는 습관에 길들여진다. 85점을 받은 학생이 80점 받은 학생보다 우수하다고 평가하는 곳이 학교다. 그러나 사회는 그와는 전혀 다른 이치로 돌아간다. 사회에서 말하는 성공이란 수많은 변수가 결합된 결과물이다. 누군가가 능력이 있는지 없는지를 가르는 기준도 모호하다. 하지만 사회에 나와서까지 학창시절의 습관을 완전히 벗지 못한 이들은, 점수 이외의 기준이 있다는 사실을 제대로 이해하지 못한다.

회사가 자신을 알아주지 않는다고 불평하는 이들 가운데 이른바 명문대 출신들이 유달리 많은 것도 아마 그 때문일 것이다. 자기보다 분명히 못한 대학을 나온 동료인데 회사에서 더 좋은 평가를 받는다니, 그 사실을 견디지 못하는 것이다. 일종의 '학벌 나르시시즘'이라 할 만하다.

물론 각 대학마다 학생들의 입학 당시 성적이나, 교육 환경 및 시스템에 차이가 있을 수 있다. 하지만 대학을 졸업할 때의 역량은 개개인의 노력에 따라 천차만별로 달라지기 때문에 대학 간판만으로 서열화할 수 없다. 명문대 졸업생의 취업률이 높은 것은, 지원자들의 개별 능력을 세밀하게 평가할 수 없는 상황에서 '브랜드'를 선호한 결과일 뿐이다. 이를 이해하지 못하고 졸업한 학교의 이름으로 자신과 타인의 등급을 매기는 것은 미성숙한 인식 수준에 지나지 않는다.

자신이 신뢰하는 평가 기준이 절대적이라고 생각지 말라. 세상은 하나의 잣대로 돌아가지 않는다. 공부머리가 뛰어난 사람이라도 공감 능력이나 협상 능력이 현저히 떨어지면 '세상 물정은 하나도 모르는 벽창호' 소리를 듣기 십상이다.

당신은 점수가 매겨진 시험지도, 가격표가 달린 상품도 아니다. 물론 이는 타인도 마찬가지다. 어제 누군가가 받았던 평가는 그날에 한정된다. 새날이 되고 하루만큼 더 성장하면 오늘은 또 다른 가능성이 펼쳐진다.

어쩌면 세상이 당신을 몰라주는 것이 아니라, 당신이 세상을 너무 모르는 것이리라. 세상은 '어제의 나'에 연연하며 거기서 한발자국도 더 나아가지 못하는 사람을 기다려주지 않는다. 작은 보폭일지언정 꾸준히 걸음을 옮기고, 자신의 궤적에 의미를 더하는 사람을 세상은 신기하게 알아본다.

그러니 사람들 사이에 존재하는 수많은 나르시시즘을 분별하라. 학벌 나르시시즘, 지능 나르시시즘, 외모 나르시시즘……. 혹시 나와 타인의 가능성을 옭아매는 특정한 나르시시즘에 빠진 것은 아닌지 수시로 점검해보아야 할 일이다.

고슴도치 딜레마
Hedgehog's dilemma

 psychology

모든 관계는 적당한
'거리 두기'가 필요하다

고슴도치 딜레마는 철학자 쇼펜하우어 Arthur Schopenhauer 가 자신의 책에 쓴 우화에서 비롯된 용어다.

추운 겨울에 고슴도치 몇 마리가 모여 온기를 나누려 한다. 하지만 몸에 난 가시가 서로를 찔러 몸을 가까이 맞댈 수 없다. 잠시 떨어져 있던 고슴도치들은 추위를 느끼고 다시 모여들었다가 또다시 서로의 가시에 찔리고 만다. 이 행동을 반복하던 고슴도치들은 결국 깨닫는다. 적당한 거리를 두는 것이 최선이라는 것을.

쇼펜하우어는 이 우화를 통해 인간의 본성에도 가시가 있어서 관계를 맺는 동안 서로에게 상처를 입히고 상처 입을 수밖에 없다는 사실을 들려준다. 프로이트는 이 이야기를 고립감과 일체감 사이에서 갈등하는 인간 심리의 표본으로 채택하고 '고슴도치 딜레마'라는 이름을 붙였다. 즉, 우리 안에는 친밀한 관계를 원하는 욕구와 독립된 공간을 보장받고 싶은 욕구가 공존한다는 이야기다.

누구나 타인과 관계를 형성할 때는 좋은 의도에서 시작한다. 하지만 누군가를 만나고 부딪히는 일에는 크고 작은 상처가 동반된다. 어떤 상처는 마음에 오래도록 맺혀서 아물기까지 한참의 시간이 걸린다. 때로는 나의 가시가 의도치 않게 상대방에게 깊이 박힐 때도 있다. 나는 그 사실을 모른 채 계속 다가서는데 상대방은 매몰차게 돌아서서 나를 어리둥절하게 만들기도 한다.

인간관계에서 오는 이런 상처가 두려워서 차라리 고립을 선택하는 사람들도 있다. 자기를 감추고 사람들에게서 멀찍이 떨어져 선다. 그러면 피차 간섭할 일도, 부딪칠 일도 없다. 물론 상처받을 일도 없다.

이런 태도는 때로 이기적으로 비치기도 하지만 사실 이들은 자기방어적 성향이 강한 것뿐이다. 이러지도 저러지도 못하는 상황을 뜻하는 '딜레마'라는 표현에서도 알 수 있듯이, 이들은 혼자 있을 때 안전감을 느끼지만 한편으로는 타인과의 일체감을 지향한다. 사람들과 친밀함을 나누고 일체감을 느끼고자 하는 시도가 꺾인 탓에 고립을 선택했을 뿐이다.

흔히들 말한다. 나이가 들수록 사람 사이에 적당한 거리가 필요하다고. 어릴 때나 친구가 세상의 전부고, 연인 때문에 죽네 마네 하는 거지, 나이 들어서까지 그런 데 쏟을 열정과 시간이 어디 있냐고 고개를 젓는다. 어쩌면 그럴지도 모른다. 타인의 삶에 치열하게 관여하고, 예기치 못한 누군가의 끼어듦을 허락하는 것이 피곤할 수도 있다. 특히 불안도가 남들보다 높거나 비관적인 사고방식이 발달한 사람들은 고슴도치의 딜레마 앞에서 회피해버리는 것을 '가장 속 편한 방법'이라며 스스로 정당화하곤 한다.

하지만 생각해보라. 어떤 우연도, 놀라움도, 기대와 실망과 새로운 희망도 없는 그런 삶을 정말로 원하는가? 어른이라 해서 함께 체온을 나누고 복닥거릴 누군가가 필요치 않을까?

딜레마를 해결하기 위해서는 먼저 우리 모두에게 가시가 있음을 인정해야 한다. 사람들은 필연적으로 상처를 주고받을 수밖에 없다. 그렇다면 아예 가시를 닿지 않게 하는 것보다, 보호 장치를 마련하는 것이 어떨까. 상대방의 가시에 타격을 입지 않도록 근육을 키울 수도 있을 것이고, 내 가시가 누군가에게 상처를 입히지 않도록 끝을 안전하게 다듬을 수도 있을 것이다. 그것이 훨씬 현명한 '거리 두기' 방법이 아닐까.

상처 입지 않은 척, 센 척할 필요 없이 있는 그대로 드러내기

Do Be into psychology before 30

거리에서 사람들을 자세히 관찰해보면 서로 어떤 관계인지 대충은 가늠할 수 있다. 젊은 남녀가 몸을 밀착한 채 대화를 나눈다면 연인일 확률이 99퍼센트다. 앞서거니 뒤서거니 걸어가거나 서로 다른 곳을 쳐다보며 대화를 주고받는다면 부부일 가능성이 높다. 만약 80센티미터 정도 간격을 유지한 채 마주보고 있다면 아마도 동료일 테고, 그보다 더 가깝다면 친구 사이일 것이다.

사회적 관계 속에서 사람들이 안정감을 느끼는 거리는, 허리에 풍선을 달았다고 가정할 때 서로의 풍선이 닿을락 말락 하는 정도라고 한다. 영어권 국가에서는 이 거리를 '개인적 풍선personal bubble' 또는 '개인적 공간personal space'이라고 하는데, 사람들은 친밀한 정도에 따라 이 공간의 크기를 조절하곤 한다.

그런데 한쪽에서 일방적으로 개인적 공간을 침범하여 적정하게 유지되던 거리를 좁히거나, 혹은 반대로 하루아침에 그 공간에서 쑥 빠져나가 버리는 경우가 있다. 이렇게 되면 두 사람의 관계는 망가지고 만다.

인간관계에서 적절한 거리를 유지하기란 결코 쉽지 않다. 조금 더 친밀해지고자 했던 의도가 오해를 사기도 하고, 정말 거리를 두어야 할 대상을 거절하지 못해서 이리저리 끌려다니는 경우도 흔하다.

때로는 '극단적 거리 두기'와 '단절'이라는 방어막을 치는 사람들도 있다. 경쟁이 치열한 조직에서 집단 따돌림이나 가혹 행위를 반복적으로 경험한 이들이 주로 이런 선택을 한다. 최근 사회문제로 떠오른 '은둔형 외톨이'는 그중에서도 가장 심각한 형태라 할 수 있다. 사회적 동물이라는 지위를 아예 포기하는 것이다.

은둔형 외톨이까지는 아니더라도 사회 속에서 그 누구에게도 자기 곁의 공간을 허락하지 않는 사람들이 더러 있다. 마음의 거리는 물론이고 물리적 거리도 마찬가지다. 심한 경우 버스나 지하철에서 사람들과 부대끼는 것을 최대한 피하기 위해 새벽같이 출근하거나, 영화관에서 옆자리에 낯선 사람이 앉을까 봐 좌석을 두 자리 예매하는 경우도 있다.

중요한 사실은, 누군가와의 관계에서 발생할 갈등이나 감정 소모를 사전에 이렇게 철저히 차단한다 한들 마음이 평화롭지 못하다는 것이다. 언제 불쑥 들이닥칠지 모를 관계의 함정에 전전긍긍하면서 어떻게 안정감을 누릴 수 있겠는가.

사람들이 수없이 상처를 받으면서도 삶을 이어가고 관계를 맺는 것은 상처를 감수하겠다는 의지가 있기 때문이다. 혹독한 자기 단련을 감내하라는 뜻이 아니다. 삶의 속성이 원래 그렇다는 말이다. 우리의 마음은 불행과 실패 속에서도 행복과 성공을 꿈꾸고, 좌절의 한가운데서도 희망을 찾도록 설계되었다. 원래의 내 안에 내재해 있는 힘을 가볍게 보아서는 안 된다.

상처 입지 않은 척, 센 척할 필요도 없다. 나에게 닥친 크고 작은 시련을 순순히 받아들이고 그대로 드러내 보일 줄 알아야 한다. 어쩌면 관계 맺기란 나 자신이 연약한 존재라는 사실을 인정하는 데서 출발하는 것인지도 모른다. 연약하기에 누군가에게 기대고 싶어 하고 무리에 섞이고 싶어 하는 것이 아닐까. 비록 뜻하지 않은 상처에 고통을 겪을지라도 곧 마음의 새살이 돋기를 기다리고, 그 과정에서 새로운 관계에 필요한 한 가지를 얻는 것. 그것이 관계다.

Hedgehog's dilemma

관계의 시작은
서로의 거리를 조율하는 것부터

Do Be into psychology before 30

다연과 현수는 대학 시절 처음 만나 연인이 되었다. 부유한 환경에서 외동딸로 곱게 자란 다연과, 독립적인 환경에서 자라 뭐든 스스로 해내는 것이 익숙한 현수는 썩 잘 어울리는 커플이었다. 현수는 세세하게 챙겨주고 배려하는 다연이 고마웠다. 다연의 눈에는, 자기와 동갑인데도 속이 한참 깊고 어른스러운 현수가 믿음직스러웠다.

하지만 처음에는 마냥 좋기만 했던 각자의 특성이 시간이 흐르면서 두 사람 사이에 골을 만들었다. 현수는 다연이 시시콜콜 하루 일정을 물어보고 시간마다 전화하는 것이 어느 순간 부담스럽게 느껴졌다. 데이트할 때 입은 옷이나 헤어스타일까지 다연이 일일이 신경 쓰고 조언하는 것도 너무 과하다는 생각이 들었다.

현수의 그런 변화를 다연도 감지했다. 자신은 달라진 것이 하나도 없는데, 상대방이 변했다고 생각하니 섭섭하고 속상하기만 했다. 현수가 핸드폰 배터리가 없다는 핑계를 대고 하루 종일 연락이 없던 날, 두 사람은 크게 말다툼을 했다. 이후 짧은 이별과 화해를 몇 번 반복한 끝에 두 사람은 결국 헤어졌다.

"너를 사랑하지만, 우리가 한 사람은 아니잖아. 각자 생활이 있는 건데 너는 왜 그걸 인정하지 않는 거야."

"사랑하는 사이에 왜 모르는 부분이 있어야 해? 그냥 다 공유하고 함께하면 안 되는 거야?"

이것이 바로 두 사람이 끝내 합의에 이르지 못한 서로의 '거리'였다.

두 사람이 다시 만난 것은 대학을 졸업하고도 5년이 더 지났을 때였다. 그동안 둘은 사회에 나와 각자 자리를 잡았다. 서로 새로운 사람을 만나도 보았고 다연의 경우는 결혼 이야기까지 나눈 상대도 있었지만 결국 이루어지지 않았다. SNS를 통해 다연의 상황을 눈치 챈 현수가 용기 내어 말을 걸면서 인연은 다시 이어졌다.

예전과 달라진 것이 있다면, 이제 두 사람은 서로의 거리를 어떻게 조율해야 할지 안다는 점이었다.

먼저 다연은 자신의 양면성을 인정했다. 현수를 최대한 가까이 끌어당기고 싶어 하는 마음의 뒷면에는 거절이나 이별에 대한 두려움이 있었다. 상대방과의 거리에 한 치의 틈도 허용하지 않으려 했던 것이 비단 그 사람을 사랑해서만이 아니라, 스스로 두려움을 통제하지 못해서이기도 하다는 것을 깨닫자 시선을 자신에게로 자연스럽게 돌릴 수 있었다.

현수 역시 자기가 너무도 당연히 여겼던 울타리가 다연에게는 날카로운 가시가 될 수 있음을 깨달았다. 울타리를 모두 걷어치울 수는 없는 일이다. 그러나 그것이 상대를 밀어내기 위한 장치가 아님을 충분히 설명하고, 서로 안전하게 오고갈 통로를 마련할 수는 있었다.

두 사람은 곧 새로운 가정을 이뤄 또 하나의 커다란 울타리를 만들 예정이다.

서른 전 한 번쯤은
'거리 두기'를 정의하라

Do Be into psychology before 30

고슴도치 딜레마가 말하는 '가시'와 '거리 두기'는 어떤 관계에서든 꼭 염두에 두어야 할 개념이다. 비단 연인만이 아니라 친구나 회사 동료, 가족 또한 마찬가지다. 자녀와의 사이에 적절한 거리가 필요함을 인지하는 부모는 자녀에게 집착하거나, 자신의 뜻대로 아이를 끌고 가고자 압박을 가하지 않는다. 아이가 자랄수록 거리를 재설정함으로써 갈등을 최소화하고 아이가 바람직한 방향으로 성장하도록 돕는다.

그렇지 못한 부모는 '내가 하는 말과 행동은 부모로서 마땅히 해야 할 일'이라는 사고방식을 고수하며 가시를 있는 대로 치켜세운다. 여기에 찔린 아이가 생채기가 나더라도 개의치 않는다. 그 역시 '자녀가 마땅히 감당해야 할 훈육'이라 믿기 때문이다. 아이가 사춘기에 접어들어 자기만의 공간을 주장하기라도 하면 득달같이 그 공간 속으로 비집고 들어선다. 부모와 성장하는 자녀 사이의 당연한 거리를 '반항'으로 치부하는 실수를 저지르는 것이다.

그래서 거리 두기는 중요하다. 어떤 관계에서든 서로의 거리를 인식하고, 저울의 추를 의식적으로 조절하라. 그러기 위해 내가 어떤 사람인지, 그리고 상대는 어떤 사람인지를 파악하는 과정도 반드시 동반되어야 한다.

서른이 되기 전에 '거리'에 대해서 생각을 분명히 정립할 필요가 있다. 그렇지 못하면 나의 공간과 타인의 공간 사이에서 안절부절못하는 상황이 언제까지고 재연될 것이다.

고슴도치 딜레마는 고립감과 일체감 사이의 갈등이다. 나는 그 사이 어디쯤에서 가장 편안함과 만족함을 느끼는지 측정해보라. 그 답에 대해서는 다른 누구도 아닌, 오직 나만이 판단할 수 있다. 나는 무리 속에 있을 때 안정감을 느끼는 사람인가, 아니면 적당한 거리를 두고 운신의 폭을 확보해야 만족하는 사람인가?

거리에 대한 나만의 기준을 스스로 확인하고 남들에게도 제시하는 것은 상당히 중요하다. 더불어 타인의 거리 또한 존중해야 함은 물론이다.

CHAPTER 2

정글 같은 세상에서
살아남기 위한 심리학

DO BE INTO PSYCHOLOGY BEFORE 30

리마 증후군
Lima syndrome

psychology

한숨만 나오는 사람도
변화시키는 공감의 힘

1996년 12월이었다. 페루 리마에 소재한 일본 대사관에 반정부 게릴라 단체 MRTA^{Movimiento Revolucionario Túpac} ^{Amaru}(투팍 아마루 운동)가 침입했다. 이 무장 괴한들은 당시 일본 대사관에 있던 400여 명을 인질로 붙잡아 1997년 4월 22일까지 127일 동안 정부군과 대치했다. 인질범들은 요구를 들어주지 않을 경우 한 시간마다 한 명씩 사살할 것이라고 정부를 압박했으나, 실제로 희생자는 한 명도 나오지 않았다.

인질범들은 127일 동안 인질들과 함께 지내면서 차츰 폭력성이 누그러지고 동정심을 표출하는 모습을 보였다. 인질들이 가족에게 편지 보내는 것을 허용해주었고, 가톨릭 신자들의 제안을 수용하여 대사관 안에서 미사를 드리도록 해주었으며, 정부군에 의약품과 의류를 요구해서 인질들에게 나누어주었다. 뿐만 아니라 자신의 신상에 관한 이야기를 인질들에게 솔직히 털어놓기도 했다.

인질범들은 결국 정부군의 기습으로 전원 사살되었다. 진압 과정에서 투항 의사를 밝힌 이들마저 사살한 일이 후에 드러나 정부군은 여론의 뭇매를 맞기도 했다.

심리학자들은 리마의 일본 대사관에서 일어난 이 사건에 주목했으며, 인질들이 인질범에게 동화되는 현상인 '스톡홀름 증후군Stockholm syndrome'과는 반대되는 심리 현상이라고 진단했다. '리마 증후군'이라고 이름붙인 이 현상은 간략히 말하자면 '인질범이 인질들에게 심적으로 동화되는 심리 현상'이라고 할 수 있다.

스톡홀름 증후군이라는 것이 타인의 생사여탈권을 쥔 강력한 인물이 다수의 사람을 제 편으로 끌어당기는 현상이라면, 리마 증후군은 반대로 다수의 인물이 보이는 어떤 행동 양식에 따라 소수의 사람이 온순하게 변화하는 현상이다. 이 두 가지 심리 현상은, 서로 적대하는 사이라도 같은 경험과 생각을 공유하면 융합할 수 있다는 가능성을 시사한다.

물론 우리가 살면서 괴한의 손에 인질로 붙잡힐 확률은 거의 없을 것이다. 하지만 한편으로 생각해보라. 흉악한 범죄자조차 내 편으로 만드는 '공감'의 위력을 평소에 적절히 활용한다면 얼마나 유리한 환경을 만들 수 있겠는가?

학창시절에는 마음 맞는 친구 몇 명만 곁에 있으면 세상이 다 든든하다. 나와 성향이 다른 사람, 뭔가 거슬리는 사람과는 굳이 손을 잡지 않아도 사는 데 아무 지장이 없다. 하지만 성인이 되고 사회에 나오고 나면 그 경계는 순식간에 허물어진다. 서른 무렵에 만나는 사회는 온갖 종류의 짐승들이 매복한 정글과도 같다. 내가 아무리 온순한 초식동물이라 할지라도 언제까지나 평화로운 초원에서 풀만 뜯을 수는 없다. 호시탐탐 나를 노리는 늑대와 독수리를 방치한다면 언젠가는 그들의 먹잇감이 되고 말 것이다.

이제부터는 타고 나길 나랑은 완전히 상극인 것 같은 사람도 내 편으로 받아들여야 한다. 내가 보고서만 올리면 흠을 잡지 못해 안달인 상사, 함께 웃으며 이야기를 나누다가도 뒤돌아서면 표정을 바꾸고 나를 험담하는 동료, '일머리'라는 것은 조금도 없어서 사사건건 뒷목을 잡게 만드는 후배. 이렇게 같이 있으면 한숨만 나오는 인물들과도 한 공간에서 같이 일을 하고 대화를 나눠야 한다.

그럴 때 리마의 인질범을 떠올려보라. 관건은 '공감대'다. 상대방에게서 어떤 작은 공감대를 끌어낼 수 있다면 서로의 감정이 움직이고, 행동이 달라지게 된다. 여기에 따라 눈앞의 적은 얼마든 우군으로 뒤바뀔 수 있다. 이런 불확실성이 마음을 예측하기 어렵게 만드는 요소이기도 하지만, 한편으로는 언제든 상황을 반전시킬 수 있는 가능성을 열어준다.

그저 맞장구치지 말고, 그의 입장에서 보기

Do Be into psychology before 30

일본 마쓰시타전기(현 파나소닉)를 창립한 마쓰시타 고노스케는 계약을 체결할 때 늘 지키는 철칙이 한 가지 있었다. 내 입장에서 시간을 질질 끄는 것이 아니라, 상대방 입장에 서서 협상 시간을 최대한 단축한다는 것이다. 그렇게 할 때 협상의 효율을 최고로 높일 수 있다고 고노스케는 생각했다.

그가 오랜 경험을 통해 얻은 한 가지 중요한 인생철학은 '상대의 입장에서 생각한다'는 것이었다. 이 단순한 철학은 누구든 그와 거래하기를 원하고 그와 친구가 되기를 원하게끔 만들었다. 마쓰시타전기가 초등학교도 나오지 못한 시골 소년의 손에서 시작되어 세계적인 대기업으로 빠르게 성장할 수 있었던 비결은, 창업주의 이런 인생철학 덕분이었다.

고노스케는 거래처와 협상을 할 때마다 이런 생각을 했다고 한다.

'내가 상대의 입장이라면 나는 무엇을 얻으려 할까? 또 무엇을 잃지 않으려 할까?'

이렇게 시선의 전환을 통해 상대의 입장에 서는 법을 터득하자 협상의 순간에 늘 찾아오는 망설임과 곤혹감이 사라지고 새로운 즐거움 느끼게 되었다. 이전에는 몰랐던 사실을 아는 데서 오는 즐거움이었다. 상대의 입장에서 문제를 생각하니 그 사람의 생각, 그 사람이 원하고, 좋아하고, 싫어하는 것들이 눈에 들어왔다. 그러자 어떤 모임에서 누구를 만나도 한층 여유 있는 태도로 대처할 수 있었다. 상대에게 도움의 손길을 내밀어야 할지, 아니면 상대의 불순한 의도를 경계해야 할지 판단이 섰기 때문이다.

고노스케의 철학을 한마디로 요약하자면 바로 '공감'이라 할 것이다. 그저 맞장구를 치는 것이 아니라, 상대방을 이해하기 위해 우선 그의 입장에 서보는 것이 공감의 첫걸음이다. 누군가가 어떤 일을 처리하는 방식에는 그 사람의 성격과 경험과 사고방식이 모두 녹아 있다. 그 밑바탕을 이해하지 못하고 행동 자체에만 초점을 맞추면 갈등이 피어나기 일쑤다.

공감 능력이 뛰어난 사람은 아주 세밀한 부분까지 상대방의 생각과 원하는 바를 읽어낸다. 그 사람이 어떤 심정일지를 유추하여 적절한 때에 그 사람에게 도움이 될 반응을 보인다.

그래서 '역지사지易地思之'는 공감의 필수조건이다. 역지사지에서 핵심은 한자어 '사思', 우리말로는 '생각'이라는 단어다. 진지하게 생각을 거듭하여, 최대한 그 사람의 입장에 가깝게 서 보아야 한다. 고민 없는 응수는 그저 헛발질로 끝날 뿐이다.

Lima syndrome

타협과 설득을 하려면
상대를 이해하는 것이 먼저다

Do Be into psychology before 30

축구 왕 펠레와 아버지의 일화 중에 '역지사지'의 모
범적인 사례로 꼽을 만한 이야기가 하나 있다.

펠레는 브라질의 가난한 가정에서 태어났다. 아버지는 축구
선수였으나 부상을 당한 뒤 은퇴했다. 펠레는 아주 어렸을 때
부터 축구에 비범한 자질을 보였다. 아버지는 아들을 위해 헌
양말, 낡은 천 조각, 폐신문지 등으로 축구공을 만들어주었고,
어린 펠레는 그 공으로 열심히 축구를 연습했다. 펠레의 뛰어
난 실력은 동네에도 소문이 났고, 축구를 좋아하는 비슷한 또
래들이 모여들었다. 그런데 이 친구들과 어울리면서 성실하던

펠레는 태도가 점점 흐트러졌다. 어느 순간 친구들을 따라 담배까지 손을 대기 시작했다.

한번은 길을 가던 아버지가 우연히 아들을 보았는데, 마침 펠레는 지나가는 사람에게 담배 한 개비만 달라고 부탁하던 참이었다. 아버지는 그 자리에서 아들에게 달려가 머리를 쥐어박지 않았다. 대신 저녁 때 집에서 다시 만나기를 기다려, 아들에게 담담히 말을 건넸다.

"네 또래 중에서 담배 피우는 아이들이 많은 것은 알고 있다. 아마도 담배를 피우면 어른이 되고 남자가 되었다는 생각이 들겠지. 하지만 훌륭한 축구선수가 되고 싶다면 담배는 멀리 해야 한다."

그러고는 꼬깃꼬깃 접힌 지폐를 꺼내어 건네며 이렇게 한마디를 덧붙였다.

"그래도 정 담배를 피우고 싶거든 네 돈으로 사서 피우거라. 남에게 구걸하는 것은 부끄러운 일이다."

펠레는 부끄럽고 창피해서 금방이라도 눈물이 나올 것만 같았다. 고개를 들어 아버지를 보니 아버지의 눈에도 눈물이 맺혀 있었다. 그날 이후 펠레가 다시는 담배에 손을 대지 않은 것은 물론이다. 더 부지런히 훈련하고 배워서 마침내 우리가 익히 아는 축구왕의 자리에 올랐다.

다른 사람의 입장에서 생각하고 상대를 이해하는 것은, 가장 높은 경지의 처세법이라 할 수 있다. 때로 상대방의 행동은 우리를 언짢게 만든다. 너무 무례하거나 경솔하게 구는 사람들도 분명히 있다. 하지만 그 사람의 행동을, 그리고 거기에서 느낀 내 감정을 곧이곧대로 받아들이고 즉각 반응한다면 그것은 하수의 방법이다.

타협이나 설득을 원한다면 상대방의 행동 이면까지 읽어야 한다. 그 사람의 입장에 최대한 동조하고 '또 다른 그 사람'이 되어 대응할 수 있다면, 든든한 내 편을 한 사람 얻게 될 것이다.

과한 친절보다
공감 있는 배려가 훨씬 효과적

Do Be into psychology before 30

역지사지의 미덕이 큰 효과를 발휘하는 곳 중 하나가 상품을 판매하는 매장이다. 물건을 파는 사람은 언제나 사는 사람의 입장에서 고객에게 다가가야 한다.

어느 옷가게에 탁월한 실적을 올리는 판매원이 있었다. 매장의 총책임자는 그 비결이 궁금했다. 그 직원이 다른 직원들처럼 외모가 세련된 것도 아니고, 사람을 홀리는 말재주가 있는 것도 아니었기 때문이다. 그래서 하루는 매장 소파에 앉아 한마디도 하지 않고 직원들이 손님을 대하는 모습을 종일 관찰했다.

오후 무렵, 한 여성 고객이 머뭇거리며 매장으로 들어섰다. 진열된 옷들을 이리저리 살피던 손님이 선뜻 결정을 내리지 못하는 듯하자 고참 직원 하나가 생글거리며 다가섰다.

"고객님, 어떤 옷을 찾으세요?"

상냥한 하이톤의 목소리에 손님은 오히려 뒷걸음질을 쳤다.

"아, 그냥 좀 보려고요……."

손님은 그 직원을 피해 매장의 다른 편으로 자리를 이동해서는 또 한참 동안 이 옷 저 옷을 구경했다. 또 다른 직원이 다가가서 말을 붙여보았지만 결과는 마찬가지였다.

마침내 실적이 뛰어난 그 직원이 나섰다. 핏이 넉넉한 스웨터와 박스형 블라우스를 들고서 고객 앞에 슬그머니 펼쳐 보였다.

"고객님, 혹시 이런 옷은 어떠세요? 유행을 타지 않는 기본 스타일인데 디테일이 살아 있어서 어떤 자리에든 잘 어울리거든요."

손님은 덩치가 꽤 큰 편이었다. 그래서 맵시가 좋아 보이는 옷이나 스타일이 세련된 옷보다는, 몸매를 부각하지 않는 적절한 사이즈의 옷을 찾는 중이었다. 판매원은 고객의 그런 사정을 짐작하고 제대로 대처한 셈이다.

직원은 사이즈를 표시한 라벨이 잘 보이도록 옷을 펼쳐 고객의 수고를 덜어주었다. 잠시 옷을 바라보던 고객은 거울 앞으로 가서 옷 두 벌을 모두 몸에 대보더니, 안도하는 표정으로 말했다.

"그렇네요. 디자인이 튀지 않아서 오랫동안 입을 수 있겠어요."

직원은 "그러지 말고 들어가서 한번 입어보세요"라고 강요하지 않았고 "어머, 아주 날씬해 보여요"라며 호들갑을 떨지도 않았다. 두 사람의 대화 속에 '사이즈'에 대한 언급은 어디에도 없었다. 하지만 두 사람은 마음이 통했다. 직원은 고객의 속사정을 간파해서 적절한 도움을 제공했고, 고객은 적당히 배려받는다고 느꼈다. 아마 앞으로 그 고객은 단골손님이 될 것이고, 매번 그 판매원을 찾을 것이다.

이 모습을 끝까지 지켜본 총책임자가 이 현명한 직원에게 어떤 점수를 주었을지는 굳이 말하지 않아도 알 수 있으리라.

공감은 각자 가진 것을
더 큰 하나로 만든다

Do Be into psychology before 30

조직에서 관리자의 자리에 있는 이들에게는 이런 역지사지의 태도가 상당히 중요하다. 관리자는 스스로 일하는 자리가 아니라 타인을 일하도록 만드는 사람이다. 성과를 내겠다는 생각으로 성급하게 사람들을 몰아가서는 결코 목적을 이룰 수 없다. 어떤 경우에는 내가 원하는 방향이 아니라 상대가 원하는 방향으로 접근해야 지름길을 찾을 수 있다.

의견과 생각이 다른 팀원을 압박하고 다그치는 순간부터 악순환이 시작된다. 상대방은 반발할 것이고, 그 반발을 누르기 위해 한층 더 고된 힘겨루기를 벌이게 된다. 누가 더 힘이 센지

겨루는 것은 실상 인간의 동물적인 본능이다. 하지만 힘겨루기는 일시적인 쾌감을 줄 뿐 대부분은 생산적인 결과가 아닌 파괴적인 결과를 가져온다. 그 이유는 다음과 같다.

힘겨루기는 마땅히 좇아야 할 목표에 소홀하게 만든다

부부싸움은 가정의 행복을 깨뜨리고, 동료 사이의 다툼은 일을 그르친다. 힘을 겨루려면 상당한 감정과 시간과 에너지를 써야 하는데 지혜로운 사람은 결코 힘겨루기에 자원을 낭비하지 않는다.

힘겨루기는 또한 이성을 잃게 한다

상대방과 팽팽히 맞서서 힘을 겨루는 상황에 처하면 사람은 충동적으로 힘을 행사하게 되기 쉽다. 그 결과 이성을 잃고 잘못된 행동을 하거나 후회할 결정을 내리는 경우가 흔하다.

힘겨루기는 시야를 좁게 만든다

내가 지금 이 싸움에 휘말린 동안에도 저 넓은 세상은 바삐 돌아가고 있다. 힘겨루기를 하다 보면 시선을 돌려 훨씬 더 가치 있는 것들을 발견해야 한다는 사실을 잊게 된다.

힘겨루기는 조직원들의 에너지를 산산이 흩어지게 만들지만, 공감은 각자가 가진 것을 더 큰 하나로 만들어낸다. 서른의 나이가 가깝다면, 이 정도 더하기와 빼기를 계산할 수 있어야 한다. 혹시라도 조직 속에서 힘겨루기의 유혹에 흔들린다면, 내가 이 조직에 있는 이유를 생각해보라. 내가 회사에서 받는 보수는 '누군가의 어려움을 해결해주는 대가'라고 이해하면 간단하다. 그런 마음가짐이 공감의 힘으로 이어지고, 우리에게 꼭 필요한 능력이 되어줄 것이다.

사회 전염 현상
Social contagion

 psychology

세상이 흔들어대는데
내 길만 갈 수 있을까?

사람들은 대부분 자신의 생각과 마음을 스스로 통제할 수 있다고 믿는다. 또한 오랜 세월 쌓아온 자기 내면의 가치관과 도덕관은 외부의 자극에 쉽게 흔들리지 않을 것이라고 자신한다. 어떤 상황에서도 자기가 따르는 신념에 따라 행동할 수 있다는 것이다.

하지만 우리가 잘 모르는 사실이 한 가지 있다. 인간의 의식은 허탈할 정도로 허약하다. 다른 사람들에게 너무도 쉽게 동조하고, 어떤 경우에는 집단 속에서 자아를 완전히 상실하기도 하는 것이 바로 인간이다.

프랑스의 사회학자 귀스타브 르 봉Gustave Le Bon은 자신의 책 《군중심리》에서 '사회 전염'이라는 현상을 소개했다. 이는 집단의 특정한 지점에서 시작된 어떤 생각과 행동이 점점 퍼져나가서 집단 전체로 옮아가는 현상을 말한다. 하나의 생각이 집단행동을 유발하는 과정을, 바이러스로 인해 전염병이 확산되는 양상에 비유한 것이다. 사회 전염 현상은 집단의 한 지점에서 시작되지만 원을 그리듯 퍼져나가며 점점 큰 원을 그리며 확산된다. 여기에 휘말리면 나름 이성적인 사고를 하던 사람들도 비이성적인 행동을 보이고, 도덕심과 가치 체계, 사회의 수많은 규칙, 책임감 있는 행동 원칙들이 무너지면서 원초적인 공격성과 충동이 급속도로 폭발한다.

혹시 위의 이야기가 너무 과장된 이론처럼 느껴지는가? 그렇다면 1971년 미국 스탠퍼드 대학교에서 진행했던 유명한 심리학 실험을 생각해보자. 당시 필립 짐바르도Philip George Zimbardo 교수는 심리학과 건물의 지하에 '가상 감옥'을 만들고 비밀스러운 심리학 실험을 진행했다.

그는 대학생들을 선발하여 2주일 동안 가상 감옥에서 지내도록 했는데 그중 아홉 명이 교도관 역할을, 다른 아홉 명은 죄수 역할을 맡았다. 이 실험 참가자들은 일당 15달러를 받기로 하고 자기가 맡은 역할에 충실하겠다는 서약을 했다. 참고로 이들은 캐나다와 미국의 중산층에서 성장한 평범한 대학생들이었으며, 죄수와 교도관 역할은 참가자들의 성향을 분석하지 않은 채 무작위로 맡겼다.

교도관 역할을 맡은 이들은 세 명씩 3조로 나뉘어 하루 8시간씩 3교대로 역할을 수행했고, 죄수들은 3개의 감방에 각각 3명씩 수용되었다. 짐바르도 교수는 교도관들에게 어느 정도 공포감을 조성해도 된다고 설명했다. 수감자들은 무장 강도 혐의로 체포되었다는 가정하에 실제로 경찰서에서 지문을 채취당하고 범인 식별용 사진을 찍었으며 미란다 원칙을 듣고 가짜 감옥으로 이송되었다.

결과부터 말하자면, 2주로 예정되었던 이 실험은 6일 만에 종료되었다. 교도관의 역할에 점차 심취한 피실험자들이 이성을 잃고 가학적인 행동을 보였기 때문이다. 이들은 죄수 역할의 사람들에게 심한 기합을 주거나 폭력을 가했을 뿐 아니라, 나중에는 수감자들이 생리 현상을 해결하지 못하도록 막거나 이들의 옷을 벗기고 성추행을 하는 짓까지 서슴지 않았다.

다행히 짐바르도 교수의 애인이 실험 시설을 방문했다가 가짜 감옥에서 벌어지는 일에 경악하고는 당장 실험을 그만두라고 교수를 설득한 덕분에 실험은 거기에서 중단되었다. 중요한 사실은, 실험 현장을 지켜본 50명의 사람 가운데 도덕적 문제를 제기한 사람은 그녀뿐이었다는 점이다. 이 실험에서 나타난 심리 현상은 성서에 등장하는 타락한 천사의 이름을 따서 '루시퍼 이펙트Lucifer Effect'라는 이름을 얻었다.

Social contagion

격렬하게 요동치는 세상에서
서른 이후에는
달라져야만 할 것

Do Be into psychology before 30

만약 당신이라면 위와 같은 상황에서 '루시퍼'가 되지 않을 자신이 있는가? 우리가 인간의 본성을 거슬러 '나만큼은 그렇지 않으리라'고 장담할 재간은 없다. 그러나 위의 이야기에서도 실험의 위험성을 알아차렸던 단 한 사람이 있었음에 주목해보자. 그 사람은 유일한 외부자였고, 그 아수라장을 차가운 바깥 공기 속에서 들여다본 인물이었다. 때때로 우리는 격렬하게 요동치는 상황에 휩쓸린다. 그 소용돌이 속에 잠겨 있어서는 올바른 판단을 할 수가 없다. 단 한 발자국이라도 바깥으로 빠져나와 외부자의 시선을 확보할 때, 상황을 전체적으로 주시하고 제대로 사고할 수 있다.

서른이라는 나이는 젊다. 하지만 앞뒤 가리지 않는 혈기왕성함을 핑계로 삼기에, 서른은 많은 나이다. 때때로 '젊은 꼰대'들은 욱하는 것을 어른의 특권이라고 생각한다. 타성에 물든 내부자의 시선에 잠겨 있으면서 마치 자신이 세상을 다 안다는 듯 남을 윽박지르고 자신의 생각을 강요한다. 특히 혼란스럽고 곤란한 상황에 닥칠 때 그런 경향이 두드러진다. 결국에 가서 본인의 생각이 잘못되었다는 것이 드러나도 "그때는 나도 욱해서 그랬지", "그러게 왜 그런 상황을 만들어"라며 남 탓을 한다.

하지만 이는 어린아이들이 자기 의견을 들어주지 않는다고 고래고래 소리를 지르거나, 바닥에 누워 발버둥치는 것과 하나도 다를 것이 없는 행동이다. 진정한 어른이라면 벽을 더듬어 작은 통로를 찾아낼 것이다. 차가운 바깥 공기를 들이마시고 지금 상황이 어떤지를 객관적인 시선으로 바라보려 노력할 것이다. 문제를 단번에 해결하겠다고 팔을 걷어붙이고 달려들었다가는 내가 그 문제에 빨려 들어가고 만다는 것을 성숙한 어른은 잘 안다.

절박하게 달려들던 문제도
의연하게 짊어내야지

비슷한 일이 조직에서도 일어날 수 있다. 인간의 취약한 인성에 부정적인 감정이 파고들어 조직 전체의 분위기를 흐리는 경우는 얼마든지 있다. 이럴 때 회사에는 편 가르기, 험담, 비협조, 부서 이기주의가 만연하고 때때로 업무 중에 고성이 오가기도 한다.

이런 상황에서 어느 한쪽 편을 거들어주거나 동조하기 시작하면, 나 역시 그 문제의 한복판에 서게 되는 건 시간문제다. 혹여 누군가가 나에게 화살을 돌리거나 직접 비난하는 목소리를 내기라도 하면 어느 순간 제삼자가 아닌, 적극적으로 문제를 생산하는 당사자로 돌변한다. 이럴 때 객관적인 외부자의 시선을 지키면서 자제력을 발휘하려면 어떻게 해야 할까?

성공학의 거장, 나폴레온 힐Napoleon Hill은 '마음의 귀마개'라는 아주 유용한 방법을 제안했다.

나폴레온 힐은 시카고의 한 대형 백화점에서 아주 흥미로운 장면을 목격했다. 이 백화점의 고객상담실 창구 앞에는 많은 고객들이 길게 줄을 늘어서 있었다. 그들은 창구를 맡은 한 직원에게 쇼핑과 관련된 온갖 불편과 불만을 쏟아냈다. 어떤 이는 감정을 억누르지 못해 크게 흥분했고, 어떤 이는 직원을 향해 험한 말까지 쏟아냈다. 이렇게 적대적인 고객들을 상대하면서도 창구의 직원은 시종일관 얼굴에 미소를 띠고 있었다. 나폴레온 힐은 그 침착하면서도 여유 있는 태도에 감탄했다.

그런데 곧 특이한 점 한 가지가 눈에 들어왔다. 그 여직원 뒤에 또 다른 직원이 한 명 서서, 부지런히 쪽지에 뭔가를 적어 건네주는 것이었다. 알고 보니 창구의 직원은 청각장애인이어서 고객들의 불만을 직접 들을 수 없는 상황이었다. 대신 뒤에 있던 동료가 고객들의 사정을 듣고 내용을 쪽지에 적어 전해 주고 있었다. 그 과정에서 고객들의 감정적이고 무례한 언사는 생략되었고, 필요한 정보만 간추려져 전달되었다.

나폴레온 힐은 두 사람의 업무 처리 방식이 흥미로워서 백화점의 관리자를 찾아갔다. 그리고 가장 까다롭고도 중요한 업무를 청각장애인 직원에게 맡긴 이유를 물었다. 관리자는 설명하기를, 고객들의 쏟아지는 불만과 감정 섞인 말을 듣고도 침착하게 업무를 처리할 수 있는 사람은 그 직원뿐이라고 답했다.

나폴레온 힐은 백화점 고객 상담실 풍경을 다시 물끄러미 바라보았다. 창구에서 청각장애인 직원이 고객들을 향해 짓는 미소는, 불만으로 찌푸린 고객들의 얼굴과 선명한 대조를 이루었다. 그런데 신기하게도 씩씩거리며 창구에 다가선 고객들도 돌아설 때는 어김없이 온순한 양처럼 변해 있었다. 몇몇 고객은 이 젊은 여성의 흐트러짐 없는 태도에 부끄러움을 느낀 듯 멋쩍은 표정을 지은 채 창구를 떠났다.

이 일을 겪은 뒤부터 나폴레온 힐은 자신을 비난하는 말을 듣거나 기분이 상할 만한 상황이 닥칠 때마다 백화점 고객상담실 직원의 침착하고 흔들림 없는 표정을 떠올렸다. 그리고 '마음의 귀마개'로 타인의 부정적인 목소리 앞에서 귀를 막을 수 있어야 한다고 생각했다. 이때부터 나폴레온 힐은 상대방이 듣고 싶지 않은 이야기나 무례한 말을 할 때면 무심히 흘려들어 머릿속에 남기지 않는 습관을 들였다. 마음의 귀마개를 적절히 이용하자, 험한 이야기를 듣고 난 뒤에도 미움과 원망 등의 부정적인 감정을 남기지 않을 수 있었다.

'마음의 귀마개'는 모든 어른들이 필수적으로 장만해야 하는 인생 아이템이다. 누군가가 격앙된 채 나에게로 다가와서 아수라장 같은 감옥 속으로 함께 들어가자고 권하는가? 그 안에서는 교도관의 역할을 맡든, 죄수의 역할을 맡든 모두 피해자가 될 뿐이다. 그럴 때 마음의 귀마개가 필요하다. 모든 비난과 무례함, 인신공격을 거르고 꼭 필요한 정보만을 요약해 취합하자. 그럴 때 그 상황에서 벗어나 외부자가 될 수 있다.

이는 기계적인 중립이나 애매모호한 입장을 취하는 것과는 완전히 다르다. 부정적이고 편협한 감정을 걷어내어, 최대한 투명하게 상황을 조명하고 거기에 걸맞은 입장을 취하는 행위다. 상처 입은 사람을 위로하는 방법에는 '동조'만 있는 것이 아니다. 그 사람의 마음을 충분히 헤아리고 공감해주면서도, 나는 거기에 휩쓸리지 않는 것이 중요하다.

모두가 절박하게 달려들었던 그 문제가 어느 정도 해결되고 자욱하던 먼지가 가라앉고 나면 그 안에서 함께 뒹굴었던 사람들은 쓸쓸함과 민망함을 경험하게 된다. 그리고 의연한 태도로 문제의 핵심을 보도록 짚어준 당신이 결국 옳았음을 알게 될 것이다.

사방에 주먹이 오가고
비명이 난무해도
동요하지 않는 법

복싱 선수가 팔을 뻗는 동작은 아름답다. 여기에는 용기와 힘이 담겨 있고, 두려움 없이 상대의 공격을 받아들이겠다는 의지가 실려 있다. 반면에 팔을 구부리는 동작은 위축되어 있으며, 문제를 맥없이 피하고 물러서는 것처럼 보인다.

정말로 상대를 향해 뻗은 팔은 강하고, 구부린 팔은 약할까? 사자성어 '유인유여遊刃有餘'는 매우 능숙한 일처리를 비유하는 말이다. 중국 전국시대에 포정庖丁이라는 요리사가 있었는데 소를 잡는 솜씨가 특히 뛰어났다. 장자莊子는 그의 솜씨를 보고는 감탄하여 "소의 살과 뼈 사이에 난 틈에 칼을 밀어넣고 칼날을 여유 있게 놀린다"라고 묘사했다.

강자의 자세는 바로 '여유'라는 두 글자로 정리할 수 있을 것이다. 진정한 강자는 결코 식은땀을 흘리거나 온몸이 상처투성이가 되지 않는다.

물론 힘차게 뻗은 주먹은 위협적이다. 하지만 물리학의 관점에서 보면 이 멋진 자세는 결코 '강함'을 의미하지 않는다. 팔을 앞으로 뻗고 나면 더 이상 힘을 발산할 여지가 없기 때문이다. 오히려 주먹을 몸 쪽으로 끌어당길 때 우세를 점할 수 있다.

이는 앞에서 말한 '외부자의 시선'이나 '마음의 귀마개'와도 일맥상통하는 이야기다. 사방에서 주먹이 오가고 비명이 난무해도 외부자의 시선을 갖춘 이들은 동요하지 않는다. 남들 따라 덩달아 주먹을 휘두르다가 휘청거리며 넘어지는 일이 없다. 팔을 거두어들인 채 상황을 주시하고, 필요한 곳에 힘을 쓴다.

그래서 진정한 강자는 언제나 여유로우며, 승자의 시선에는 넉넉함이 있다.

복서라면 링이 아무리 비좁더라도 운신의 공간을 확보해야 한다. 때로는 팔을 거두고 공간을 확보하는 일이 함부로 주먹을 휘두르는 것보다 더 고단하다. 때문에 여기에는 부단한 노력과 끈기가 동반되어야 한다. 여기에 성공할 때 우리는 실수와 함정에 쉽게 빠지지 않는 여유로운 강자가 된다.

언더독 효과
Underdog effect

psychology

강점은 붙들되,
약점을 굳이
숨길 필요는 없다

'언더독 효과'란 경쟁에서 열세에 있는 약자를 더 응원하고 지지하는 심리 현상을 뜻한다. 투견 싸움에서 아래에 깔린 개를 '언더독under dog'이라 하고, 위에 올라타 우세를 점한 개를 '탑독top dog'이라 하는데 이때 약자인 언더독을 응원하게 되는 것이 인지상정이다.

이 용어는 1948년 미국 대선 때, 사전 여론조사에서 뒤지던 민주당의 해리 트루먼Harry Truman 후보가 공화당의 토머스 듀이 Thomas Edmund Dewey 후보를 제치고 당선되면서 널리 알려졌다. 부동층 유권자들이 '언더독'인 해리 트루먼에게 동정표를 던져

판세가 뒤집혔다고 본 것이다.

정치만이 아니라 스포츠나 문화예술 분야에서도 언더독 효과는 극명히 드러난다. 올림픽에서 아무도 승리를 예상치 않았던, 부족한 배경을 등에 업은 선수가 온갖 역경을 극복하고 승리를 거머쥘 때 한 편의 스포츠 드라마가 탄생한다. 영화나 드라마에서도 강자들의 세계에 내던져진 약자가 주인공으로 등장하는 연출이 흔하다. 이들 언더독이 빠진 수렁이 지독할수록, 혹은 탑독의 역할이 악랄할수록 극적인 재미는 배가된다. 관중들은 스토리의 결말을 뻔히 예상하면서도, 언더독이 고진감래 끝에 해피엔딩을 맞이하는 장면에서 카타르시스를 느낀다.

우리의 인생은 어떨까? 아마도 대부분의 사람들은 삶에서 탑독이 되기를 원할 것이다. 이리저리 치이는 언더독은 드라마 속에서만 응원하고 싶을 뿐, 현실에서 그 주인공 자리는 극구 사양하고 싶을 것이다. 나이가 들수록 그런 경향은 강해진다. 내가 선택한 길의 윤곽이 서서히 드러나고, 내가 거둔 성과가 모습을 드러내기 시작한다. 아직까지 약자에 머물러 있다는 건 자존심 상하는 일이다. 이제 나이도 어느 정도 있는데, 남부끄럽지 않은 강자가 되어야 체면이 선다.

하지만 늘 꼿꼿하기만 한 탑독은 동경의 대상은 될 수 있을지 몰라도, 주변 사람들이 감정을 이입하고 응원하는 '내 사람'은 되기 힘들다. 사람들은 무의식적으로 언더독에 몰입하고 응원한다는 사실을 기억하라.

얼마 전부터 유행어처럼 쓰이는 '금수저', '흙수저'라는 용어를 보아도 사람들의 이런 심리가 잘 드러난다. 금수저를 물고 태어나 어릴 때부터 고생 한번 겪지 않고 승승장구한 인물이 있다면 사람들은 부러워하는 것을 넘어 마음 한편에서 반감을 느낀다. 그 사람에게도 평범한 우리들처럼 제대로 된 시련이 한 번쯤은 닥치기를 은근히 바라기도 한다.

반면에 흙수저로 태어나 혼자 힘으로 악착같이 살아낸 '캔디' 형 인물에게 우리는 언제든 마음을 열 준비를 한다. 그 사람이 일어서고 성공하는 스토리가 꼭 내 이야기인 것만 같다. 이 사람에게 어떤 위기가 닥치기라도 하면 내 일도 아닌데 마음이 조마조마하다.

그래서 현재 금수저처럼 보이는 유명인사들은 토크쇼에 나와 자신의 흙수저 시절 이야기를 중요한 레퍼토리로 들려주곤 한다. 그런 이야기에 대중들이 반응하고 호감을 보이기 때문이다.

물론 실제로 능력 없는 약자에만 머무르라는 이야기는 아니다. 나의 강점은 확고히 붙들되, 약점을 굳이 숨길 필요가 없다는 의미다. 다시 강조하지만, 서른 이후의 세상은 심리전이 난무하는 정글과도 같은 세상이다. 약육강식의 원칙이 강력히 작동하는 세상일수록 '내가 누군가를 불시에 제압할 수도 있는 탑독'인지, 혹은 '도움과 배려가 절실히 필요한 언더독'인지는 아주 결정적인 정보이자 무기가 된다. 설령 내가 탑독의 자질과 능력을 지녔다 할지라도 그것을 과시하고 떠벌릴 필요는 없다는 소리다. 흔히 말하는 '외유내강'은 바로 언더독의 이점을 십분 활용할 줄 아는 탑독의 전략이다.

자신을 낮추는 것이
비굴한 것이 아님을 알자

Do Be into psychology before 30

사람이 살면서 반드시 익혀야 할 두 가지 능력이 있다. 하나는 '홀로 설 능력'이고, 또 하나는 '타인에게 기댈 줄 아는 능력'이다. 누군가에게 자신의 약한 모습을 보일 수 있는가, 필요할 때 타인에게 의지할 수 있는가는 '자기 자신에 대한 신뢰'를 측정하는 지표가 된다. 타인 앞에서 스스로 약자가 된다는 것은 용기가 필요한 일이다. '언제든 다시 홀로 설 수 있다'는 믿음이 있는 사람, 유연한 삶의 태도를 가진 사람이 할 수 있는 행동이다.

자신을 낮추는 것을 비굴함으로 연결 짓지 말라. 이는 상황을 주도하기 위한 선택이다. 약함을 적절히 드러냄으로써 첨예한 충돌을 피하고 실력을 발휘할 시간을 벌며, 에너지를 비축할 수 있다.

또한 이는 타인과 풍부한 관계를 형성하는 방법이기도 하다. 나의 기분과 처지를 상대방도 느끼고 공감할 수 있으며, 그 반대 이야기도 물론 성립한다. 우리는 충분히 홀로 설 수 있는 성숙한 존재들이지만, 때때로 서로 기대어 마음을 나눌 때 홀로서기의 의미는 더 건강해진다. 그럴 때 삶의 의미가 세월 앞에 그저 악착같이 버티는 것이 아니라, 유연하게 흐르고 통하고 다시 일어서는 과정이 된다.

Underdog effect

거들먹거리지 않고
나약한 모습이라 해도

Do Be into psychology before 30

중국의 저명한 심리학자 류밍劉明은 저서 《마음이 춤
추게 하라》에서 '시약示弱'이라는 단어를 언급했다. 중국어로
'시약'은 '상대방보다 약하거나 못함을 드러내다 보이다'라는
뜻이다. 책에서는 "나약함을 드러내는 것은 처세술의 높은 경
지다"라고 정의한 뒤 다음의 일화를 덧붙인다.

어느 날 저자는 친구와 함께 관용에 대해 이야기를 나눴다.
두 사람의 대화는 어느 잡지에 실린 글 한 편에서 시작되었다.
꽃이 사람에게 밟혀도 잔인함을 원망하지 않고 오히려 꽃잎을

진흙과 뒤엉키게 만든 신발에 향기를 남겨준다는 내용이었다. 잡지에서는 이것이 바로 '사람을 향한 꽃의 관용'이라고 주장했다. 하지만 친구의 생각은 달랐다.

여기에서 말하는 관용은 사실 꽃이 스스로 원한 것이 아니기 때문에 저항할 능력조차 없는 무기력함일 뿐이라는 것이다. 친구가 생각하는 진정한 관용은 반격할 능력이 있음에도 공격하지 않고 상대를 묵묵히 참고 용서하는 것이다. 저자는 친구의 생각에 전적으로 동의하지는 않았지만 무슨 말을 하고 싶은 건지 이해할 수 있었다.

'나약함을 드러낸다'는 것, 즉 시약은 자신이 허약하기 때문에 어쩔 수 없이 현실을 받아들이는 것과는 다르다. 나약하기 때문에 나약하게 처신하는 것은 불가피한 일일 뿐이다. '시약'은 내면에 존재하는 힘을 역설적으로 드러내는 행위이자, 자신을 내려놓는 초탈함의 표현이다.

류밍의 책에서 이야기한 대로, 실력이 있으면서도 약함을 드러내는 것이 진정한 강자의 면모다. 그와는 반대로 실력이 없으면서 젠체하는 것은 허세일 뿐이며 결국에는 본모습이 드러나게 되어 있다.

영리한 동물은 결코 거들먹거리지 않고 나약한 모습을 보임으로써 적으로부터 자신을 지킨다. 남미의 열대우림에 서식하는 원숭이 무리가 대표적인 경우다. 이 원숭이들 가운데 왕이 된 수컷 원숭이는 결코 무력으로 왕좌를 지키지 않는다. 다른 수컷 원숭이가 싸움을 걸면 원숭이 왕은 어미 품에 안긴 새끼 원숭이를 잽싸게 가로채서 품에 안고 쓰다듬는 행동을 한다. 그러면 도전자는 혹시라도 싸우는 과정에서 새끼 원숭이가 다칠까 봐 싸움을 지레 포기하고 멋쩍어하며 자리를 떠난다.

원숭이 왕은 이 방법으로 나이 들어 번식 능력을 잃을 때까지 한 번도 유혈사태를 일으키지 않고 왕위를 지키며 무리를 다스릴 수 있다. 번식 능력을 잃어 더 이상 새끼 원숭이를 품에 안고서 약한 척을 할 수 없게 되면, 그제야 다른 수컷 원숭이의 도전을 받아들이며 왕의 자리를 내준다. 이 얼마나 평화롭고도 자연의 순리에 부합하는 세대교체인가.

승자는
자신의 엉성함을 드러낼수록
친밀감이 높아진다

Do Be into psychology before 30

한 기자가 정치인에게 인터뷰를 요청했다. 이 정치인과 관련된 민감한 정치적 사안이 큰 이슈가 된 터라, 기자의 날카로운 질문이 예상되는 상황이었다. 기자가 찾아온 용건을 꺼내기도 전에 정치인은 기자에게 말했다.

"아직 시간이 많으니 우리 천천히 얘기 나눕시다."

기자는 그의 여유 있고 침착한 태도에 적잖이 놀랐다.

두 사람이 자리에 앉자 비서가 커피를 가져와서 탁자 위에 놓았다. 정치인은 잔을 들어 커피 한 모금을 마셨는데 너무 뜨거웠는지 커피를 절반 이상 바닥에 쏟고 말았다. 그는 허둥지

둥 바닥을 정리한 뒤 담배 한 개비를 꺼내 물었다. 그런데 이번에는 담배를 거꾸로 물고는 필터 부분에 불을 붙이는 게 아닌가. 이를 본 기자가 말리며 말했다.

"선생님, 담배를 거꾸로 무셨습니다."

정치인은 황급히 담배를 고쳐 물었는데 너무 서두르는 바람에 재떨이가 바닥에 엎어졌다.

그 광경을 지켜보던 기자는 속으로 피식 웃음이 터졌다. 평소 올려다보기만 했던 높은 사람이 연거푸 엉뚱한 실수를 저지르자 뭔가 친근해 보였고, 자신도 느끼지 못하는 사이에 경계심이나 공격적인 태도가 누그러졌다.

그런데 사실 이 모든 것은 노련한 정치인이 처음부터 계획한 일이었다. 사람의 나약한 모습은 동정심을 부르고 모종의 친밀감이 솟아나게 한다는 것을 알았던 것이다. 명망과 권위가 있는 인물이라면 그 효과는 증폭된다.

세상의 어떤 사람도 아무 문제없는 완벽한 삶을 살 수 없다. 어느 한구석은 삐거덕거리고 고장 난 부분이 있게 마련이다. 그것을 숨기고 덮으려고만 해서는 말 그대로 약점이 되고 만다. 그러나 나를 이루는 수많은 요소들 중 하나로 인정하고, 남들에게 열어 보일 때 그것은 더 이상 약점이 되지 못한다.

정말로 성공하여 여유가 넘치는 이들은 완전무결함을 내세우지 않는다. 한 분야에서 최고의 기술을 지닌 사람은, 다른 분야에서는 자신이 얼마나 엉성하고 모자라는지를 재미있는 이야깃거리로 삼는다. 수많은 성공한 이들이 써낸 자서전이나 경영서를 보라. 자신이 성공하기 이전 과거에 어떤 황당한 실수를 저질렀으며 어떤 난처한 상황에까지 처해봤는지 소개하는데 상당한 지면을 할애하는 것을 확인할 수 있다. 골이 깊을수록 지금 올라선 산이 높다는 반증이 되므로, 이들의 실패담은 아무런 약점이 되지 않는다.

승자의 여유를 가지라. 그리고 약함을 드러냈을 때의 효과를 최대한 활용하라.

각인 효과
Imprinting effect

psychology

세월이 지날수록 또렷하게 빛나는 인연 만들기

각인 효과란 특정한 시기 동안 주어진 자극이나 환경이 기억에 더 강하게 인식되는 현상을 말한다. 이 현상은 비교행동학의 창시자, 콘라트 로렌츠^{Konrad Lorenz}와 회색기러기의 일화를 통해 널리 알려졌다.

동물학자 콘라트 로렌츠가 회색기러기를 기른 지 3년 째 되던 해, 마침내 알에서 새끼 기러기가 부화하는 장면을 목격하게 되었다. 그가 아기 기러기를 어미에게 데려다주려고 하는 순간, 작은 새는 고개를 잠깐 갸웃거리더니 소리를 질러대며 과학자의 곁에서 떨어지지 않으려 했다. 태어나서 처음 본 과학자를 제 어미로 '각인'해버린 것이다.

이런 각인 행동의 중요한 조건 중 하나는 '정해진 기간에 동안에만 일어난다'는 것이다. 이때가 결정적 시기로, 이후의 학습이 미치는 효과는 약하고 성격도 달라진다. 또한 이 각인 과정은 되돌릴 수가 없어서 절대로 잊히지 않고 고정된다.

동물들의 이런 각인 효과는 인간의 행동으로도 적용 범위를 넓혀, 다양한 조직 이론이나 광고 등에 활용되고 있다.

우리의 일상에서도 이런 각인 효과는 알게 모르게 발생한다. 똑같은 경험이라도 특별한 시기, 특별한 순간에 접하게 되면 평생 잊지 못할 강렬한 기억으로 각인될 수 있다. 대표적인 예로, 인생의 힘들었던 시기에 곁에서 진심으로 위로해주고 도움을 주었던 이들을 우리는 결코 잊지 못한다.

누군가의 인생에서 그저 스쳐지나가는 배경이 아니라, 세월이 흐를수록 더 또렷하게 빛나는 인연으로 기억되고 싶다면 각인 효과의 원리를 이용하라

서른 이후,
끝없이 소모되는 관계에서
벗어나고 싶다면

Do Be into psychology before 30

"넌 무슨 남자애가 그렇게 숫기가 없니. 그래 가지고 나중에 밥 먹고 살겠어?"

어릴 때부터 소심하고 내성적이었던 태주는 주변 어른들에게서 '사내는 사내다워야지'라는 식의 핀잔을 수시로 들으며 자랐다. 남중, 남고를 거치면서 태주가 가장 부러워했던 친구는 분위기 메이커를 자처하는 리더십 있고 활달한 성격의 아이들이었다.

사교적이지 못하고 친구들 사이에 인기가 없다는 사실은 태주를 계속 괴롭히는 콤플렉스였다. 그래서 대학에 입학한 후

완전히 새로운 환경에서 20대를 맞이하면서 '이제 성격을 확 바꿔야겠다'고 결심했다.

내키지 않았지만 억지로라도 다양한 동아리 활동을 했고, 동문회에도 꼬박꼬박 참석하며 총무 역할을 자원했다. 어느덧 핸드폰 주소록을 빼곡하게 채운 친구와 지인들의 연락처가 태주에게는 가장 소중한 자산처럼 느껴졌다.

취직을 해서도 마찬가지였다. '인맥 관리' 차원에서라도 지인들에게 수시로 안부를 전하고 생일이나 경조사가 있을 때면 잊지 않고 챙겼으며, 어디서든 섭섭하다는 소리를 듣지 않기 위해 부단히 애썼다. 틈틈이 친구를 만나고 모임에 참석하다가 늦은 밤에 귀가하고 나면 많이 피곤했지만 그래도 '해야 할 일을 다했다'는 생각에 안도감이 들었다.

애써 이어가던 태주의 노력이 '툭' 하고 끊어진 것은, 어느 일상적인 하루의 작은 사건 때문이었다. 그날 태주는 팀 간의 업무 분장 문제로 잔뜩 스트레스를 받았다. 분명 다른 팀의 업무인데 한두 번 거들어주다 보니 어느 순간 자연스럽게 태주가 떠안게 된 상황이었다. 그 팀의 팀장에게 조심스레 말을 꺼냈다가 '사회생활 하는 자세가 안 되어 있다'라는 핀잔만 들었다.

답답한 마음에 친구들에게 메신저로 하소연을 해보았지만

다들 피상적인 위로만 한마디씩 던질 뿐이었다. 그동안 인맥을 관리한다고 쏟은 정성이 무색해지는 순간이었다. 오늘 같은 날 술 한잔하자고 말해주는 친구가 없다는 사실에 허탈해하고 있는데 같은 팀 동료 한 명이 슬쩍 다가와 말을 건넸다.

"태주 씨, 오늘 퇴근하고 맥주 한잔 어때?"

입사 동기지만 사적으로 연락을 할 정도의 친분은 없는 동료였다. 반가운 마음에 따라나선 술자리에서 동료는 이런 이야기를 들려주었다.

"그 팀장님 말이야, 나도 저번에 태주 씨랑 비슷한 일 있어서 엄청 힘들었지. 그때 속으로 회사 때려치워야겠다고 생각하던 참이었는데, 태주 씨가 사람들 앞에서 한마디 거들어줬잖아. 그건 팀 차원 문제니까 같이 검토해보는 게 어떻겠냐고. 그 순간에 참 위로가 되더라고. 태주 씨도 힘내. 나도 그 고비 넘기고 나니까 훨씬 나아졌어."

이 이야기에서 태주는 누구에게나 좋은 사람이 되려고 애를 썼지만, 정작 가까운 지인들 누구에게도 깊이 '각인'되지는 못했다. 앞서도 말했듯이, 진정한 강자는 힘이 센 사람이 아니라 힘을 쓸 때가 언제인지 아는 사람이다. 아무리 에너지가 넘치는 사람일지라도 시시각각 전투태세를 유지할 수는 없기 때문이다. 이는 사람과의 관계에서도 마찬가지다.

누구에게나, 언제나 좋은 사람은 되기가 힘들고, 사실 될 필요도 없다. '인맥 관리'라는 명분으로 매번 사람들에게 나의 시간과 에너지를 쏟는 것이 더 이상 즐겁지 않다면, 그저 하나의 일처럼 느껴진다면 이제 그만두어도 좋다. 대신 적절한 때에 내가 기꺼이 줄 수 있는 도움을 건네는 편이 훨씬 효율적이다.

누구나 지치고 힘들 때 마음이 약해진다. 가족과 친구의 도움이 절실히 필요한 것도 바로 이때다. 태주의 동료도 마찬가지였다. 사람들 앞에서 초라하고 민망한 기분을 느끼던 순간, 태주가 어깨에 실어준 한 줌의 힘은 충분히 감동적이었다. 이런 순간의 기억은 사람의 마음에 깊고 뜨거운 자국을 남긴다. 그래서 시간이 한참 흘러도 따듯한 온기를 띤 채 불쑥불쑥 고개를 든다.

당신의 도움이 실제로 얼마나 큰 역할을 했는지는 중요하지 않다. 비록 도움이 미미했다 할지라도 당신이 전달한 의도만으로도 상대방에게 당신의 자리는 충분히 각인될 것이다. 끝없이 소모하는 관계에서 벗어나고자 한다면, 이런 각인의 원리를 적절히 활용할 필요가 있다.

Imprinting effect

곤란한 상황에 처했을 때
내미는 손길이
오래도록 기억된다

Do Be into psychology before 30

옛사람들이 말하기를, '군자는 어려움에 처한 사람을 구제하지 부유한 사람에게 재물을 보태지 않는다'고 했다. 경사가 있을 때 전하는 축하보다 역경에 처했을 때 내미는 도움의 손길이 더 오래도록 기억된다는 의미로 해석할 수 있다. 비슷한 이야기로 '물 한 방울의 은혜도 넘치는 샘물로 갚는다'는 말도 있다. 여기서 물 한 방울이 주는 의미와 감동은 상황에 따라 다르다.

중국 전국시대에 중산中山이라는 이름의 작은 나라가 있었다. 어느 날 중산국의 왕이 명사들을 불러 연회를 베풀었다. 그런데 그날 준비한 양고기탕이 부족해서 초대받은 사람들 중 몇몇이 식사를 하지 못했다. 그중 한 사람이 불만을 품고 초나라 왕을 찾아가서 중산국을 공격하라고 부추겼다. 강국인 초나라가 중산국을 치는 것은 손쉬운 일이었다. 초나라의 공격을 받은 중산국은 힘없이 무너졌고 왕은 나라 밖으로 도망치는 신세가 되었다.

피난길에 오른 왕은 두 사람이 창을 들고 자신을 따르는 것을 보고 물었다.

"그대들은 누구인가?"

두 사람이 대답했다.

"예전에 어떤 사람이 굶어죽을 지경에 놓였는데 그때 왕께서 하사하신 음식 한 그릇으로 죽음을 면했습니다. 저희가 그 사람의 아들들입니다. 부친께서 임종 전에 저희에게 당부하시기를, 중산에 무슨 변고가 생기면 목숨을 내걸고 나라를 지키라 하셨습니다."

중산국 왕이 듣고 탄식하며 말했다.

"고깃국 한 그릇 때문에 나라를 잃었으나, 음식 한 그릇 덕분에 두 명의 용사를 얻었구나!"

사람의 마음은 이처럼 복잡하고 미묘하다. 음식 한 그릇으로 평생의 원한을 살 수도 있고, 평생의 은인이 될 수도 있다. 하루 종일 이리저리 치여서 지친 사람에게 누군가가 건네는 작은 위로는 그날의 고단함을 모두 녹여줄 만큼 큰 위력을 발휘할 수 있다. 반대로 누군가가 별 생각 없이 툭 던진 말 한마디는 목까지 차오른 부정적인 감정을 모두 쏟아내게 만드는 불씨가 될 수도 있다.

내가 건네는 한마디가 누군가에게 어떤 '물 한 방울'이 될 것인지를 생각하라.

위기에 처한 상대에게 베푼 호의로
긍정의 각인 효과를

Do Be into psychology before 30

　　BC 284년 연나라의 명장 악의樂毅는 군대를 이끌고 제나라를 공격했다. 전투마다 그는 선봉에 나서서 병사들을 이끌었고 이를 본 병사들도 사기충천해서 용맹하게 싸웠다. 제나라 군대가 크게 패해 달아나자 악의는 여세를 몰아 적진으로 돌진하여 불과 반 년 만에 70여 개의 성을 함락했다. 제나라에는 이제 거莒와 즉묵即墨 두 성만 남아 완강히 버티고 있었다.

　　제나라를 정복하더라도 백성의 마음을 얻지 못하면 저항 세력이 언제든 반기를 들고 일어날 수 있었다. 악의는 남은 두 성을 무력으로 함락하기보다 은혜를 베풀어서 스스로 항복하게 만드는 편이 더 현명하리라는 판단을 내렸다. 그래서 백성의 마음을 얻기 위한 계책을 마련했다.

먼저 군대가 점령한 곳마다 조서를 내려 제나라의 악독한 법령을 없애고 백성들의 부역을 덜어주었다. 또한 현지 풍속을 존중하고 고유한 문화를 보존시켰다. 각 지역에서 이름 있는 인사들을 우대하는 한편으로 연나라를 위해 일할 인재를 모집했다. 이미 세상을 떠난 제나라 환공^{桓公}을 기리는 사당을 지어 성대하게 제를 올리기도 했다. 제나라 병사와 백성 모두 연나라 군대가 베푼 은덕에 감동해서 서로 앞을 다투어 이 소식을 전했다.

다음으로 악의는 남은 두 성을 함락하기 위해 성 안에 살고 있는 백성들에게 회유책을 썼다. 우선 성을 에워싼 군대에게 지시하여 성벽에서 9리를 물러서게 했다. 성에서 땔감을 구하려고 나온 백성이 있으면 절대 위협하지 말고, 백성 중에 굶은 사람이 있으면 먹이고 추위에 떠는 사람이 있으면 입히라고 명령했다. 이 소문을 들은 제나라 백성들은 모두 불안한 마음을 내려놓고 기뻐했다.

악의는 이 방법으로 정복하고자 하는 나라 백성들의 마음을 얻었다. 당시 제나라는 연나라에 패하기는 했지만 여전히 상당한 저력을 지니고 있었다. 만약 악의가 무력만 앞세웠다면 제나라의 남은 성읍을 점령하는 데 실패했을 것이다.

악의는 위기에 처한 사람들에게 호의를 베풀 때 긍정의 각인 효과가 일어나며, 그 대상이 설령 적국의 장수일지라도 강력한 효과를 발휘한다는 사실을 잘 알았다. 병법을 제대로 아는 사람은 무조건 전쟁을 선택하지 않는다. 완강히 버티는 상대방을 막다른 골목 끝까지 밀어붙이는 것은 공격하는 사람 입장에서도 상당히 부담스럽고 위험한 방법이다. 예상치 못한 호의와 부드러운 태도가, 한껏 몸을 움츠리고 방어태세를 취한 상대방에게 무엇보다 강한 설득의 효과를 발휘함을 잊지 말자.

CHAPTER 3

상대가 졌다는 사실을
모르게 이기는 기술

DO BE INTO PSYCHOLOGY BEFORE 30

베버의 법칙
Weber's law

psychology

사람의 마음을 좀 더 자연스럽게 움직이는 법

'베버의 법칙'은 독일의 생물학자 에른스트 하인리히 베버Ernst Heinrich Weber가 발견한 법칙이다. 간단히 설명하자면 '외부에서 가해지는 어떤 자극의 변화를 느끼기 위해서는 처음 가해진 자극의 일정 비율 이상으로 자극을 받아야 한다'고 정리할 수 있다. 그러니까 처음 자극의 세기가 크고 그 다음 자극이 약할 경우, 감각기는 두 번째 자극은 제대로 감지하지 못한다는 것이다.

다음은 베버의 법칙을 설명해주는 실험이다.

오른손에 300g의 추를 들고 있는 사람이 있다. 이 사람의 왼손에 305g의 추를 들려주면 두 추의 무게 차이를 느끼지 못한다. 왼손의 추 무게가 306g까지 늘어난 뒤에서야 비로소 왼손의 추가 좀 더 무겁다고 느낀다. 오른손에 600g의 추를 들고 있는 경우에는 왼손의 추 무게를 조금씩 늘려서 612g이 되어서야 비로소 두 추의 무게가 다르다는 것을 느낀다. 즉, 추의 무게가 두 배가 되면 가해지는 자극도 두 배 이상이 되어야 차이를 구분할 수 있다는 것이다.

베버의 법칙과 관련해 가장 흔히 쓰이는 예화는 아마도 '냄비 속의 개구리' 이야기일 것이다. 이 예시는 19세기 말 미국 코넬 대학교의 한 연구팀이 진행한 실험에서 유래한다. 처음에 실험자는 개구리를 끓는 물에 집어넣었다. 개구리는 끓는 물이 몸에 닿자마자 반사적으로 물속에서 튀어나와 위기를 벗어났다. 다음에는 개구리를 찬물에 넣고 냄비를 서서히 가열했다. 수온이 서서히 오르는데도 개구리는 유유히 헤엄을 쳤다. 그러다 물이 끓기 시작할 무렵이 되어서야 뛰쳐나오려 했지만 이미 몸이 반쯤 익은 뒤였다. 결국 개구리는 끓는 물속에서 죽고 말았다.

'베버의 법칙'은 너무나 익숙해서 습관으로 굳어진 환경 속에서는 어떤 위험이 닥쳐도 쉽게 감지하지 못한다는 사실을 경고한다. 이 법칙을 거꾸로 적용하면, 상대방을 방심하도록 만들어 눈치 못하는 사이에 내가 원하는 방향으로 유도할 수 있다는 이야기가 된다.

일례로 협상 경험이 풍부한 사람은 상대방에게 유리한 이야기를 초반에 미리 꺼낸다. 그 사람이 마음을 놓고 틈을 보이면, 협상이 끝날 무렵에 가장 꺼내기 힘든 까다로운 이야기를 슬며시 던진다. 만약 처음부터 선뜻 받아들이기 힘든 조건을 거론했다면 단번에 거절했을 것이다. 하지만 적당히 유리한 조건을 미리 접하고 나면, 나중에 제기하는 까다로운 조건에도 그리 예민하게 반응하지 않게 된다.

남녀관계에서 흔히 말하는 '너무 착한 사람은 매력 없다'는 논리도 베버의 법칙으로 설명할 수 있다. 사람들은 흔히 이렇게 말한다.

"평소에 아무리 잘해줘도 소용없더라. 열 번 잘해주고 한 번 실수하면 욕먹어. 오히려 열 번 잘못하다가 한 번 잘하면 고마워하지."

그래서 연애의 고수들은 소위 '밀당'의 기술을 적극 활용한다. 상대방을 적당히 더운 물에 담그고, 물이 식어갈 때쯤 딱 필요한 만큼만 자극을 더한다.

그런 측면에서 베버의 법칙은 상대방이 나의 의도를 눈치채지 못하도록 솜씨 좋게 요리하는 전략이라 할 수 있다. 10대 사춘기 아이들이나 의협심에 불타는 사회 초년생들은 단도직입적인 화법을 주로 구사한다. 내가 원하는 게 무엇인지, 그게 왜 필요한지, 혹은 그게 왜 옳은지 힘주어 강조하고 상대방을 밀어붙인다.

물론 목에 핏대를 세우고 치열하게 주고받는 격렬한 토론도 때로는 필요하다. 하지만 서른 정도 나이라면 그 횟수를 되도록 줄여나가야 한다. 나이가 들수록 저마다 배경과 지식과 성향이 단단해지기 때문에, 힘겨운 줄다리기를 한바탕 하고 나면 후유증이 상당하다. 때로는 내상이 상당히 깊어서 회복에 오랜 시간이 걸리기도 한다. 그래서 강한 부딪힘이 반복되는 상대는 되도록 피하게 된다.

그러므로 서른이 되기 전에, 사람의 마음을 좀 더 자연스럽게 움직이고 얻어내는 법을 익혀야 한다.

적당한 제안을 던져서
조금씩 변화시키는
진정한 능력자

Do Be into psychology before 30

앞서 소개한 개구리 실험은 주로 '타성에 젖어 있지 말고 부단히 노력하라', '위장한 채 다가오는 불의와 타협하지 말라.' 하는 교훈에 예시로 쓰인다. 그런데 관점을 바꾸어보면 어떨까? 우리가 꼭 냄비 속의 개구리가 되어야 한다는 법은 없다. 냄비 바깥에서 물을 끓이는 사람이 될 수도 있지 않겠는가?

치열한 경쟁 사회에서 물을 끓이는 사람이 되지 못하면, 어느 순간 냄비 속의 개구리 처지로 전락할지 모른다. 경쟁자를 나에게 유리한 틀 속으로 끌어들여야 주도권을 쥘 수 있다. 따뜻한 물로 개구리를 끓이는 데 성공한 기업가가 적지 않은

데 US스틸United States Steel의 초대 사장, 찰스 슈왑Charles Schwab이 그중 한 사람이다.

찰스 슈왑은 수많은 공장을 운영하여 막대한 수익을 올렸다. 그런데 유독 한 공장만이 늘 목표량을 채우지 못했다. 공장 책임자를 불러 여러 번 질책했지만 전혀 나아지지 않았다. 책임을 물어 공장장을 여러 명 바꾸었고 다양한 개선책을 강구해도 실적은 여전히 제자리걸음이었다. 최후의 수단으로 슈왑은 가장 신임하는 부하직원을 이 공장의 책임자로 발령했다. 하지만 새로운 공장장이 부임한 후에도 큰 변화는 나타나지 않았다.

보다 못한 슈왑은 직접 나서기로 했다. 그는 먼저 신임 공장장에게 물었다.

"자네처럼 실력 있는 사람이 공장 하나를 바로잡지 못하다니, 이상한 일이군."

공장장이 고개를 떨구며 대답했다.

"저도 모르겠습니다. 이렇게 관리하기 힘든 직원들은 처음입니다. 호통치고 해고하겠다고 으박질러도 다들 꿈쩍도 하지 않습니다."

슈왑은 잠시 생각에 잠긴 뒤 말했다.

"현장을 집적 봐야겠으니 자네가 안내하게."

공장장과 슈왑은 함께 작업장을 둘러보았다. 마침 주간반이 야간반과 교대를 위해 퇴근 준비를 하던 시간이었다. 슈왑은 작업자 한 명을 불러서 물었다.

"오늘 주간반 작업량이 얼마인가?"

작업자가 대답했다.

"여섯 대입니다."

슈왑은 곧장 벽에 걸린 칠판으로 가서 '6'이라는 숫자를 적어넣은 뒤 그대로 돌아갔다.

저녁 시간에 출근한 야간반 작업자들은 칠판에 적힌 숫자를 보며 의아해했다. 경비원에게 어찌된 일인지 묻자 경비원은 낮에 있었던 일을 그대로 알려주었다.

다음 날 아침 슈왑은 공장에 도착하자마자 칠판부터 확인했다. 야간반 작업자들은 어제 슈왑이 적어놓은 숫자 6을 지우고 그 자리에 7자를 새로 적어놓았다. 이를 본 슈왑은 '이제 됐다'는 흡족한 미소를 짓고서, 다른 곳은 둘러보지도 않고 총총히 공장을 떠났다.

다시 주간반 작업자들이 출근했다. 그들은 야간반이 써놓은 숫자를 보고 깜짝 놀랐다.

'그래, 어디 한번 붙어보자는 거지?'

겉으로 말하지는 않았지만 속마음은 모두 같았다. 그날 저녁 야간반이 출근했을 때 칠판에는 7대신 큼지막한 글씨로 숫자 10이 적혀 있었다. 이렇게 해서 주간반과 야간반의 작업자들은 의식하지 못하는 사이에 경쟁에 뛰어들어 작업량을 늘이는 데 박차를 가했다. 줄곧 목표량을 채우지 못했던 이 공장은 월말이 되었을 때 다른 공장의 작업량을 훨씬 추월했을 뿐만 아니라 제품의 질까지 크게 향상되었다.

노동자들의 놀라운 변화를 확인한 공장장이 기뻐하며 슈왑에게 말했다.

"역시 사장님은 대단하십니다. 칠판에 숫자 하나 적었을 뿐인데 이렇게 놀라운 결과가 나오네요."

슈왑이 말했다.

"내가 한 일이라고는 따뜻한 물에 개구리 떼를 넣고 서서히 끓인 것뿐이네. 제일 중요한 건 불의 세기를 조절하는 일이지."

냄비의 물을 끓이는 사람은 다양한 요소를 고려해야 한다. 몇 도의 온도가 가장 쾌적하고 사람을 노곤하게 만드는지, 어떤 방식으로 물을 끓일 것인지, 무엇이 개구리이고 무엇이 개구리가 아닌지 등등을 세세히 판별해야 한다. 인간의 심리는 너무 가볍게 다루어서도, 너무 무겁게 다루어서도 안 된다. 또

한 조급해서도, 한없이 느긋해서도 안 된다. 그 온도와 속도는 풍부한 경험을 통해 서서히 식별하게 된다. 다양한 실험을 해보고 수차례 시행착오를 거치며, 자신의 설계를 이리저리 수정해야 모든 조건을 정확하게 조절하는 경지에 이를 수 있다.

한 가지 분명한 것은 변화를 끌어내는 방식에서 본론을 먼저 노출해서는 안 된다는 사실이다. 내가 원하는 방향으로 일과 관계를 유도하기 위해서는 처음부터 상대가 받아들이기 힘든 초강수를 두어서는 안 된다. 개구리가 냄비에서 도망치지 않을 정도로 적당한 제안을 하나씩 던지면서 서서히 점진적으로 변화를 끌어내야 한다.

이것이 베버의 법칙이 주는 교훈이다.

설득의 힘,
상대를 중심에 둔
생각의 전환부터

Do Be into psychology before 30

미국 뉴욕 주 롱아일랜드의 어느 자동차 판매원의 이
야기다. 어느 날 이 매장에 까다로운 스코틀랜드인 고객이 찾
아왔다. 판매원은 전시장에 놓인 중고차를 한 대씩 열심히 홍
보했지만, 손님은 번번이 고개를 저었다. '가격이 비싸다', '원
하는 용도에 맞지 않는다', '연식이 너무 오래됐다'며 소개하는
차마다 트집을 잡았다.

손님의 의중을 알 길이 없어서 답답해진 판매상은 심리학을
공부한 친구에게 조언을 구했다. 친구는 이렇게 충고했다.

"그 스코틀랜드인에게 절대로 자동차를 사라고 밀어붙이지

마. 어떻게 하라고 권하는 대신 어떻게 하는 게 좋을지 그 사람에게 의견을 구하는 거야. 그러면 아마 반박하지 않고 순순히 자동차를 살걸."

며칠 후 매장에 적당한 차가 입고되자 판매원은 그 스코틀랜드인 손님에게 연락을 했다. "손님에게 딱 맞는 좋은 차가 들어왔습니다"라고 하는 대신 그는 이렇게 말했다.

"부탁드릴 것이 있어서 연락드렸습니다. 손님께서 워낙 차를 보는 안목이 뛰어나시기에 조언을 좀 구하려고요. 혹시 지금 시간 되시면 전시장으로 좀 나와주시겠습니까?"

손님이 오자 그는 반갑게 맞이하며 물었다.

"바로 이 차입니다. 외관이나 성능으로 봐서 가격이 어느 정도면 적당할까요?"

스코틀랜드인은 판매원의 요청을 흔쾌히 받아들여서 차의 외관을 꼼꼼히 살폈고 시운전까지 해보았다. 그는 차를 몰고 도심을 벗어나 교외까지 한 바퀴 돌고 와서는 말했다.

"이 차 정도면…… 2만 달러면 아주 잘 사는 거죠."

"그렇군요. 그럼 혹시 그 가격에 이 차를 구매할 의사가 있으신가요?"

손님은 주저하지 않고 대답했다.

"그 가격이면 나로서는 수지맞은 일이죠. 나라면 당연히 사겠소."

이렇게 해서 판매원은 까다로운 스코틀랜드인에게 차를 파는 데 성공했다.

처음부터 뜨거운 물에 개구리를 집어넣지 않고, 적당한 온도에 발을 담그게 만든 뒤 서서히 온도를 높이며 때를 기다린 덕분에 판매인은 매상을 올릴 수 있었다.

중국의 노자는 이렇게 말했다.

"강과 바다가 모든 골짜기의 왕이 될 수 있는 것은 몸을 낮출 줄 알기 때문이다."

자신의 생각과 의견을 다른 사람이 따르게 하려면 그를 존중하고 아울러 스스로 새로운 관점에 녹아들도록 이끌어야 한다. 달리 말해, 자기중심이 아닌 상대방을 중심에 둔 관점으로 접근해야 설득의 힘이 커진다. 베버의 법칙이 강조하는 것 또한 결국 '관점의 힘'이라 할 수 있다. 상대방에게 맞춘 적당한 온도로 접근할 때 그 사람의 관점이 움직이고, 마음 또한 움직이게 된다.

거절 후 양보 전략
Rejection then Retreat

별 의미 없는
견제구를 던진 후
실속 챙기기

베스트셀러 《설득의 심리학》의 저자인 로버트 치알
디니[Robert B. Cialdini]는 동료 심리학자들과 함께 거절과 수락에 관
한 심리학 연구를 진행했다. 실험에 참가한 대학생들을 두 개
의 그룹으로 나누고, 먼저 A그룹 대학생들에게 비행 청소년들
을 인솔해서 하루 동안 동물원 견학을 다녀오라고 부탁했다.
이 그룹의 대학생 중 6분의 1이 승낙했다. B그룹에 속한 대학
생들에게는 2년 동안 매주 2시간씩 비행 청소년들을 상담해
달라고 부탁했다. 오랜 시간이 걸리는 데다가 상당히 까다로운
일이라서 거의 모든 학생들이 거절했다. 이때 실험자들은 B그

룹 대학생들에게 다른 제안을 했다. '그렇다면 청소년들을 인솔해서 동물원에 다녀올 수 있는지' 물은 것이다. 그 결과 대부분의 학생이 선뜻 부탁을 들어주었다.

사람들은 어려운 부탁을 거절하고 난 뒤, 이에 대한 보상으로 비교적 쉬운 부탁을 들어주고자 하는 경향이 있다. 로버트 치알디니는 이를 가리켜 '거절 후 양보 전략'이라고 표현했다. 다른 말로는 '일보후퇴 이보전진 전략'이라고도 한다. 이 전략이 효과를 발휘하는 이유는, 대부분의 사람들이 상대의 요구를 거절하는 데 부담을 느끼기 때문이다. 자신이 쌓아온 친절하고 상냥한 사람이라는 이미지가 훼손될 뿐 아니라, 상대방의 기대를 저버렸다는 생각에 심적인 부담을 느끼는 것이다. 이런 경우 이미지를 회복하고 심적 부담을 덜기 위해 힘들지 않은 두 번째 부탁은 흔쾌히 들어주게 된다.

앞서 말한 베버의 법칙이 약한 기준을 먼저 제시하여 마음을 연 뒤 마지막에 원래 목표로 하는 어려운 거래를 성사시키는 전략이라면, '거절 후 양보 전략'은 별 의미 없는 견제구를 요란하게 던진 후 나중에 실속을 챙기는 전략이라 할 수 있다. 두 가지 모두 중요한 본론이 뒤에 위치한다는 점에서 일치한다. 서론은 본론의 효과를 극대화하기 위한 변죽일 뿐이다.

Rejection then Retreat

어떤 불평, 불만도
가볍게 뛰어넘는 방법

Do Be into psychology before 30

현대 중국 문학을 대표하는 작가 루쉰魯迅은《소리 없
는 중국》이라는 글에서 이런 예시를 들었다.

"중국인은 언제나 화해, 중재를 중요하게 여긴다. 만약 방
안이 너무 어두우니 지붕에 창을 만들자고 하면 모두들 반대
할 것이 틀림없다. 그런데 지붕을 뜯어내겠다고 하면 다들 나
서서 말리며 차라리 지붕창을 만들자고 할 것이다."

루쉰이 든 예가 바로 전형적인 '거절 후 양보 전략'이다. 대
부분의 사람들이 힘든 부탁을 받으면 본능적으로 거절한다. 하
지만 거절할 때 마음속 한 켠에서는 미안함을 느낀다. 그 상황

에서 상대가 비교적 쉬운 부탁을 다시 해온다면, 그리 원치 않을지라도 체면 때문에 대놓고 거절하지 못한다. 사람의 이런 심리를 적절히 활용하면, 불만이나 원성을 살 일도 상대적으로 가볍게 넘어갈 수 있다.

한참 비행 중이던 여객기가 목적지에 거의 도착하여, 승객들이 내릴 채비를 하던 참이었다. 갑자기 기내에 안내방송이 흘러나왔다.

"승객 여러분, 저희 비행기는 공항 활주로를 배정받지 못한 관계로 착륙 시간이 한 시간 지연되었음을 알려드립니다."

방송이 끝나자 기내는 승객들의 원성으로 가득 찼다. 비행기에서 무료하게 한 시간을 더 보내야 한다니, 여기저기서 볼멘소리가 터져 나올 법도 했다. 그런데 몇 분 뒤 다시 안내방송이 나왔다.

"승객 여러분, 지연 시간이 30분으로 단축되었음을 알려드립니다."

방송을 들은 승객들의 표정이 다소 누그러졌다. 그리고 나서 몇 분 지나지 않아 다시 승무원의 목소리가 방송으로 들려왔다.

"승객 여러분, 우리 비행기는 10분 안에 착륙할 예정입니다."

승객들은 손뼉을 치며 기뻐했다. 사실 비행기는 예정된 시간보다 20분이나 늦게 도착했지만, 비행기에서 내리는 승객들의 표정에서 불만은 찾아볼 수 없었다. 만약 처음부터 착륙이 20분 지연되었다고 밝혔다면 예민한 승객들 중 일부는 클레임을 걸었을지도 모를 일이다.

선만 제대로 지키면
효과적인 거래의 기술

실제로 약삭빠른 상인들은 이 거절 후 양보 전략을 자주 사용한다. 상품 가격을 실제보다 높게 책정한 뒤 '파격 세일'을 단행하는 식이다. '큰 폭으로 세일한다'는 사실에만 현혹된 소비자들은 영락없이 걸려든다.

옷을 쇼핑하러 나온 한 부인이 한참 동안 여러 매장을 돌아다닌 끝에 겨우 마음에 드는 재킷을 골랐다. 가격표를 보니 20만 원이라는 금액이 적혀 있었다. 소재나 브랜드 등을 보아서는 아무리 많이 쳐주어도 15만 원 이상은 줄 수 없다는 생각이

들었다. 여기까지 생각한 손님은 매장 주인에게 10만 원이면 적당할 것 같은데 그렇게는 안 되겠느냐고 물었다. 옷가게 주인은 펄쩍 뛰며 말했다.

"손님, 이 원단을 보세요. 10만 원이면 원단 값도 안 나와요. 제가 정말 많이 빼드려서 18만 원까지는 드릴게요."

"아유~ 그러지 말고 조금만 더 깎아줘요. 15만 원에는 안 될까요? 내가 돈이 딱 그 정도밖에 안 돼요."

"아이고, 그럼 정말 남는 거 하나도 없어요. 손님한테 야박하게 안 된다고 할 수도 없고 이거 큰일이네. 그럼…… 눈 딱 감고 15만 원에 드릴 테니까 앞으로도 자주 오셔야 돼요."

부인은 가게 주인의 마음이 바뀔세라 서둘러 현금을 지급하고는 가게 문을 나섰다. 흥정을 잘해서 5만 원이나 돈을 아꼈다고 내심 뿌듯해했지만, 여기서 진짜 고수는 가게 주인이다. 사실 그 재킷의 적당한 가격은 8만 원이었다. 손님의 셈법을 이미 훤히 들여다본 주인은 '거절 후 양보 전략'을 역으로 이용하여 부인이 기분 좋게 장삿속에 걸려들게 한 것이다.

세상 물정에 밝은 장사꾼이 아닌, 평범한 우리들이 이 전략을 효과적으로 사용하기 위해서는 한 가지 주의해야 할 점이 있다. 가짜 목적과 원래 목적의 격차가 너무 크거나 성격이 상이해서는 안 된다는 것이다. 이렇게 되면 상대방은 가짜 목적에 의심을 품거나 아예 흥미를 잃어버릴 공산이 크다.

만약 앞의 이야기에서 옷가게 주인이 더 욕심을 냈다면 어땠을까? 애초에 재킷에 20만 원이 아닌 50만 원짜리 가격표를 붙였다고 생각해보자. 어수룩한 손님 한 명이라도 걸려서 그 가격표를 곧이곧대로 믿고 사간다면 주인은 단번에 큰 매상을 올릴 수 있다. 만약 손님이 흥정을 해오더라도 처음 가격이 워낙 높기 때문에 이윤이 상당할 것이다.

하지만 이는 상당히 무모한 전략이다. 일단 성공의 확률이 너무 낮다. 하루에 가게를 찾는 수많은 손님들 중 한 명 정도나 걸려들까 말까 한 방법이다. 아마도 대부분의 사람들은 가격표를 보는 순간 흥정해볼 생각조차 하지 않고 옷을 내려놓을 것이다. 문제는 사람들이 '이 가게는 아주 바가지 씌우려고 작정했구나.' 하는 생각을 하게 되어 다시는 가게를 찾아오지 않게 된다는 것이다. 길게 보아서 결코 현명한 전략은 아니다. 아마 가게는 오래 가지 않아 문을 닫게 될 것이다.

Rejection then Retreat

깐깐한 동료가
제풀에 넘어오게
만드는 법

Do Be into psychology before 30

또 다른 예를 생각해보자. 회사에 미리 신청해둔 여름 휴가 날짜를 변경해야 하는 상황이다. 회사 규정상 휴가 날짜를 변경하려면 다른 사람과 바꾸는 수밖에 없다. 마침 이번 휴가에 별다른 일정이 없다고 말한 동료가 한 명 있어서, 그 사람을 설득해보기로 한다. 참고로 이 동료는 성격이 깐깐하기로 소문이 난 사람이다. 회사 동료들과 사적으로 얽히는 걸 싫어해서 회식도 웬만하면 참석하지 않는 성격이다. 점심 시간이 가까울 때쯤, 슬쩍 그 동료의 자리로 가서 운을 띄워본다.

"김 팀장, 점심 먹으러 가야지. 오늘 김 팀장이 풀코스로 한 번 쏘는 거 어때?"

"뭐? 내가 왜?"

"얼마 전에 월급날이었잖아. 이럴 때 기분 좋게 한 턱씩 내는 거지."

"뭐야, 나만 월급날이었어? 월급은 다들 받았잖아. 그럴 거면 손 팀장이 쏘세요."

"아이고, 사람이 뭐 이리 까칠해. 그럼 나 다른 부탁 하나만 들어줘. 이번 휴가 때 말이야, 내가 사정이 있어서……."

"안 돼."

본전도 찾지 못했을뿐더러, 무례하고 경우 없는 사람으로 낙인찍히기 딱 좋은 상황이다. 상대방의 기분을 상하게 만들어서 두 번째 부탁은 말을 제대로 꺼내보지 못한 채 대차게 거절당하고 말았다. 가짜 목적과 원래 목적의 연결 고리가 없으면 '거절 후 양보 전략'은 역효과를 일으킨다. 원래 목적대로 휴가 날짜를 바꾸고자 했다면 다음처럼 접근하는 편이 훨씬 승산 있다.

"김 팀장, 나 큰일 났어. 어떡하지?"

"왜, 무슨 일인데 그래."

"이번 휴가 때 내가 조율을 잘못해서 일정이 아주 꼬였어. 원래 10일부터 20일까지 휴가를 신청했는데, 30일까지 회사를 못 나올 것 같아. 추가로 병가라도 내야 하나 싶네. 내가 무턱대고 빠져버리면 그 기간에 다른 사람이 나 대신 회사를 나와야 할 수도 있는데……. 그렇게 되면 너무 민폐잖아. 혹시 20일부터 30일까지가 김 팀장이 신청한 휴가 날짜 아니야?"

순간 김 팀장은 진땀이 난다. 잘못했다가는 자기가 덤터기를 써서 휴가 하루 써보지도 못하고 내내 회사에 나와야 할 수도 있다는 생각에 골치가 아파온다.

"아이고, 그럼 큰일이지. 그러지 말고, 그냥 휴가 날짜를 바꾸면 안 돼?"

"그럴 수만 있으면 좋지. 내가 회사를 꼭 쉬어야 하는 날짜가 20일부터니까, 그 전에는 나와도 되거든."

"그럼 됐어. 내가 바꿔줄게. 나야 뭐 날짜는 크게 상관없으니까 내가 10일부터 휴가 낼게, 손 팀장이 20일부터 쉬면 되겠네."

"정말? 고마워서 어떡해. 덕분에 살았어."

목적하는 큰 것을 이루기 위해 때로는 주변부터 살살 건드리는 방법을 써야 할 때도 있다. 권투로 치면 잽을 몇 차례 날리다가 결정적인 일격을 가하는 방식이다. 처음부터 아무데나 주먹을 빙빙 휘두르다가는, 상대의 반격에 녹다운될 수 있다.

미끼 상품 전략
Loss Leader strategy

 작은 것을 내어주는
초조함을 견뎌라

슈퍼마켓에 과자를 사러 갔다고 해보자. 마침 먹고 싶었던 과자가 매대에 놓여 있어서 집으려고 보니 아래쪽에 2,000원이라는 가격표가 눈에 띈다. 과자 한 봉지에 2,000원이면 좀 비싼 게 아닌가 싶어서 근처에 있는 다른 마트에 가보았다. 똑같은 과자를 역시 똑같은 가격에 팔고 있는데, 자세히 보니 옆에 작은 과자가 하나 더 붙어 있다. 옆에는 빨간색 매직으로 쓴 문구도 눈에 띈다.

'과자 하나를 사면 또 하나를 공짜로 드려요!'

대부분의 사람이라면 횡재한 기분이 들어 얼른 과자를 집어들 것이다. 사실 잘 생각해보면 내가 사고 싶었던 과자의 가격은 양쪽 가게 모두 2,000원으로 똑같다. 덤으로 주는 과자는 어차피 공짜니 말이다. 하지만 이 '미끼 상품' 덕분에 사람들은 두 번째 1+1 제품이 훨씬 싸다고 느낀다.

미끼 상품이란 마진을 생각하지 않고 극단적으로 싸게 내놓는 상품을 말한다. 위의 경우처럼 아예 공짜로 끼워 파는 경우도 미끼 상품에 해당한다. 이런 제품을 적절히 홍보하면 소비자들이 더 많이 방문하도록 만들 수 있고, 그 물건을 사러 왔다가 다른 것들도 구매하게 되는 효과를 볼 수 있다. 물론 저렴하게 판매하는 제품에서는 손해가 발생하지만, 전체적으로는 매출이 증가하여 이익을 보게 되는 구조다.

여기서 중요한 것은, 사람들이 미끼 상품만 구매하고 돌아가기 쉬운 환경을 만들어서는 안 된다는 것이다. 이는 말 그대로 '미끼'일 뿐이므로 다른 상품도 추가적으로 구매할 수 있도록 유도하는 전략을 짜야 한다.

그렇기에 적절한 미끼를 선정하는 작업은 아주 중요하다. 업계에서도 소비자의 마음을 읽는 정확한 전략 없이 잘못된 미끼 상품을 사용하다가 오히려 기업 이미지만 망치는 경우가 더러 발생한다. 전단지나 인터넷 광고에는 분명 꽤 그럴듯한 미끼 상품이 올라와 있었는데 실제로는 그 제품이 너무 일찍 소진되고 없다거나, 아주 저렴한 미끼 상품으로 고객들을 유인하는 데까지는 성공했는데 다른 제품들은 터무니없이 비싸다거나 한다면 사람들의 빈축만 사게 될 것이다.

이런 미끼 상품 전략은 사람의 심리에도 그대로 적용할 수 있다. 내가 정말 원하는 큰 것의 실체는 숨기고 작은 것으로 생색을 내면, 상대방은 자신에게 꽤 유리한 상황이라고 판단해 넘어오게 된다.

작은 것을 꾀하다가 큰 손실을 입는 경우를 '소탐대실'이라 하는데, 미끼 상품 전략은 거꾸로 작은 것을 내어주고 큰 이익을 꾀하는 '소실대탐' 전략이라 할 수 있다. 목표를 이루기 위해 한걸음 뒤로 물러서면 상대방은 저항 없이 내가 짠 판 안으로 걸어 들어오게 된다.

하지만 앞서도 말했듯이 이런 전략을 이용하려면 무엇보다 큰 판을 내다보는 능력이 있어야 한다. 내 낚싯바늘 앞을 헤엄치는 상대방은 결코 호락호락하지 않다. 성의 없고 허술한 미끼라면 결코 물지 않을 것이다. 물고 물리는 치열한 심리전에서는 결코 타인의 의도에 휘둘려서는 안 된다. 낚싯대를 드리우고 거둘 때, 자기만의 견고한 기준을 따라야 한다.

상대를 유인하고 싶다면 작은 것을 내어줄 때의 초조함을 견디는 인내심도 필요하다. 작은 미끼에 일희일비하는 어린아이의 시선에서 벗어나야 내가 원하는 큰 목표에 다가설 수 있다.

내가 짠 판에
상대가 성큼 들어오도록
'쿨하게'

Do Be into psychology before 30

미국 코카콜라사는 중국 시장을 개척할 때 결코 처음부터 상품 판매에 총력을 기울이지 않았다. 대신 되로 주고 말로 받는 '소실대탐' 전술을 선택했다. 우선 중국에 400만 달러(약 47억 5,000만 원) 상당의 콜라 포장설비를 무상으로 제공했다. 대대적인 텔레비전 CF를 진행하는 동시에, 콜라 대신 과즙음료를 저가로 제공했다. 여기에 중국은 빗장을 열었고 미국의 콜라를 기꺼이 생산하고 판매하게 되었다. 하지만 시장에 일단 진입한 뒤부터 상황은 바뀌었다. 중국이 미국으로부터 생산 설비와 원료를 수입할 때와는 달리, 현지 상황에 맞게 제품 가격이 인상되었다.

그 후로 수십 년이 지나는 동안 코카콜라는 중국에서 큰 인기를 얻었고 제품을 생산하는 공장도 수백 곳으로 늘어났으며 판매량과 가격 역시 기하급수적으로 상승했다. 미국 코카콜라가 처음 무상으로 중국에 설비를 투자했을 때는 일시적인 손해를 입었을지 모르지만 이후 몇 배인지도 모를 막대한 이윤을 일찌감치 회수했다.

비즈니스 세계에서 이런 소실대탐 전략은 두루 쓰이며, 효과도 상당하다. 중국의 한 전자업체는 가격 대비 뛰어난 품질로 국내외에서 큰 인기를 누렸다. 늘어나는 수요를 감당하기 위해 서둘러 생산시설을 확충해야 했지만 당장 그렇게 큰 자금을 마련하기가 어려웠다. 만약 다른 소규모 기업과 합병을 추진해서 그 회사 설비를 개조한다면? 큰 비용을 들이지 않고도 생산량을 늘릴 수 있다는 계산이 나왔다. 문제는 합병을 추진할 기업을 설득하는 것이었다. 상대측도 충분히 수용할 만한 달콤한 제안을 하지 못한다면 합병은 쉽사리 성사되지 않을 터였다. 그래서 이 전자업체는 유력한 후보 기업들에게 세 가지 혜택을 제안했다.

첫째, 자사 기술팀을 보내서 합병할 회사의 직원들을 무상으로 교육한다.

둘째, 자사의 자금을 투입해서 이 회사의 기존 설비를 리모델링한다.

셋째, 제품의 품질이 기준을 통과하면 합병한 회사는 자사의 브랜드를 사용할 수 있다.

상대 회사들은 이 제안이 충분히 매력적이라 판단해 대부분 합병 제안을 수락했다. 전자업체는 큰 힘을 들이지 않고 소규모 기업들과 합병을 진행할 수 있었고 자체적으로 시설을 확충할 때보다 70퍼센트나 적은 비용을 들여서 생산 규모를 확장하고 이윤을 가파르게 끌어올릴 수 있었다.

'되로 주고 말로 받는다'는 전략은 먼저 씨를 뿌리고 나중에 수확하는 이치와도 같다. 씨를 뿌릴 때는 찔끔찔끔 머뭇거리며 뿌려서는 안 된다. 씨앗이 크든 작든 흔쾌히 뿌려주어야 한다. 그래야 상대방도 내가 준비한 판 안으로 성큼 들어온다.

그리고 또 한 가지, 상대방이 이 씨앗을 거절할까 봐 전전긍긍해서는 안 된다. '싫으면 관둬.' 하는 의연한 모습을 보여야 한다. 만약 어떤 제안을 하면서 거절당하면 큰일이라도 나는 것처럼 안절부절한다면 상대편은 당연히 의심을 할 것이다. '이거 혹시 미끼 아니야?' 싶은 마음이 드는 것이 당연하다. 그러므로 '거절해도 나는 아무 상관없지만, 아마 너만 손해일걸?' 하는 자세를 취하는 것이 중요하다.

무엇보다 이 전략을 사용할 때는 기본적으로 상대방을 존중해야 한다. 상대방을 내려다보는 입장에서 얕보거나, 눈속임으로 나만 이득을 취하려 한다면 상대방도 금방 눈치 챈다. 이 제안으로 상대도 실제로 이익을 얻도록 해주어야 하며, 그 이익이 어느 정도인지를 충분히 느끼게끔 할수록 효과적이다. 경솔한 태도로 상대방이 판을 박차고 나가지 않도록 주의하라.

백전백승하는 인사관리자의
기막힌 노하우

Do Be into psychology before 30

중국의 대기업 타이샹 인터내셔널泰翔国際 인사부에는
리 부장이라는, 유능하기로 소문난 책임자가 한 명 있다. 그의
인사 관리 방법은 아주 독특해서 반신반의하는 이들도 많지만,
늘 최선의 결과를 낳는 것으로 알려졌다. 시간이 지나면서 업
계에 그의 명성이 퍼졌고 그의 인사 관리 노하우를 배우고자
하는 이들이 점점 늘어나고 있다.

중국 최고 명문대를 졸업한 샤오차이는 다양한 분야에서 두
루 성과를 거둔 인재였다. 졸업 이전부터 여러 기업으로부터

취직 제안을 받았지만 최종적으로 선택한 직장은 리 부장이 있는 타이상 인터내셔널이었다.

출근 첫날 그가 처음 만난 간부 역시 리 부장이었다. 리 부장은 자신의 사무실로 샤오차이를 따로 불렀다.

"샤오차이라고 했지?"

"맞습니다."

어색한 표정의 신입사원을 향해 리 부장은 미소를 지으며 말했다.

"긴장하지 말게. 자네 서류를 보니 본가가 이곳이 아니더군. 그럼 지금은 세를 얻어서 살고 있나? 사는 곳이 회사에서 멀지는 않고? 우리 회사에서 직원 기숙사를 지으려고 준비 중이네. 자네 사는 곳이 멀고 월세가 부담된다면 기숙사가 완공된 뒤 입주할 수 있도록 내가 힘을 써주겠네."

샤오차이는 뜻밖의 제안에 잠시 어안이 벙벙했다.

"네, 맞습니다. 지금 사는 곳이 꽤 멉니다. 하지만 이제 막 입사한 신입사원인데 기숙사에 입주할 자격이 될까요?"

리 부장은 차근차근 설명했다.

"우선 기숙사를 짓는 데 시간이 걸릴 테고 완공이 되고 나면 자넨 더 이상 신입사원이 아니잖나. 그리고 기숙사에 입주하는 자격은 근속 연수가 아니라 능력이라네."

"알겠습니다. 감사합니다, 부장님."

샤오차이는 이제 회사에 입사한 첫날이지만, 최선을 다해 능력을 발휘해야겠다고 다짐했다. 하지만 시간이 흐르면서 처음의 열정은 점차 식어갔다. 뭔가 생산적이고 창의적인 일을 기대했는데 신입사원에게 돌아오는 것은 단순한 반복 업무뿐이었다. '나 정도 능력이면 오라는 회사가 넘치는데, 더 늦기 전에 차라리 이직을 하는 게 낫지 않을까?' 하는 생각도 슬며시 들었다. 실제로 그의 이력서가 아직 구직 사이트에 올라가 있어서 지금도 잊을 만하면 다른 회사에서 연락이 오곤 했다. 꽤 괜찮은 조건을 제안해올 때면 마음이 흔들리는 것이 사실이었다. 한참 이런 고민을 하고 있을 때 리 부장이 다시 그를 불렀다.

"샤오차이, 요즘 일하는 건 어떤가?"

리 부장의 말투는 언제나처럼 부드러웠다. 샤오차이는 마음속의 불만을 말하고 싶었지만 차마 꺼내지 못했다.

"할 만합니다."

리 부장은 차 한 잔을 건네며 말했다.

"내가 보기에 지금 부서에서 자네 능력을 발휘하는 데는 한계가 있는 듯하네. 왕 과장이 맡은 부서로 옮겨볼 생각은 없나? 일은 좀 고되겠지만 능력을 발휘할 여지는 훨씬 클 걸세."

"그게 가능합니까?"

샤오차이는 눈이 휘둥그레졌다. 리 부장이 말했다.

"그럼, 안 될 게 뭔가? 내가 일전에 말했지. 우리 회사는 근속 연수가 아니라 능력 위주라고. 자네, 회사 기숙사에 들어가지 않을 생각인가?"

"네, 기숙사에 들어가야죠. 물론 제가 들어가겠다고 해서 다 되는 건 아니겠지만……"

"그럼 됐네. 조만간 왕 과장 부서로 발령이 날 걸세. 필요한 서류는 이미 준비해두었네."

그날 이후로 샤오차이는 이직에 대해 다시는 생각하지 않았다. 여러 해가 지난 뒤 샤오차이는 부서장이 되었다. 리 부장과는 업무를 어떠나 막역한 사이로 지내고 있다. 그는 순진하던 신입사원 시절을 회상할 때면 리 부장을 '늙은 여우'라 부르며 놀리곤 한다.

"부장님, 그때는 제가 늙은 여우한테 홀렸던 것 같아요."

"그 늙은 여우 덕분에 자네 출세한 줄이나 알아."

리 부장은 순진한 신입사원에게 '기숙사 입주'라는 아주 솔깃한 미끼를 던졌다. '지금 당장'도 아닌 몇 년 후의 일이지만 이는 충분히 효과적인 미끼였다. 이후 미끼의 효력이 떨어지자, 이번에는 상대방에게 꼭 필요한 '부서 이동'이라는 제안까지 덧붙여 기존 미끼의 효력을 배가시켰다.

만약 리 부장이 "자네 같은 인재가 우리 회사를 나가면 우리로서는 손해가 막심하네. 꼭 우리 회사에 남아 필요한 자원이 되어주게"라는 식으로 인재를 다루었다면 어땠을까? 그렇게 구멍이 숭숭 뚫린 그물에는 어떤 물고기도 곱게 잡히지 않을 것이다.

월척을 낚으려거든
미끼를 아까워 말라

Do Be into psychology before 30

앞의 이야기에서 보았듯이, 구멍 난 그물을 던지면서 대어를 낚을 생각을 해서는 안 된다. 좋은 물고기를 얻기 위해서는 미끼가 좋아야 한다. 그리고 물고기가 미끼를 충분히 물 때까지 기다려야 한다. 슬쩍 입질만 하고 있는데 낚싯대를 획 들어 올리면 물고기는 기겁하여 도망치고 말 것이다.

또 한 가지 중요한 것이 '수심'이다. 상대를 깊숙이 끌어들이려면 그 사람이 충분히 잠길 정도로 깊은 곳까지 걸어 들어가야 한다. 물웅덩이에 비하면 연못이 깊다. 연못과 비교하면 강물이 더 깊고, 강물과 비교하면 바다가 물론 깊다. 작은 물고기에게 연못은 살아가기 충분한 장소지만 고래라면 바다가 아니면 안 된다. '충분한 깊이'는 상대가 누구이며 상황이 어떠한지에 따라 미묘하게 달라지기 때문에 상대를 깊숙이 끌어들이는 전략은 쉽지가 않다. 적당한 수심을 파악하려면 상대방을 세밀하게 관찰하고 다양한 방법으로 환경을 측정해야 한다.

낚시터에 가보면 같은 장소 바로 옆자리에 앉아 있는데도, 유독 한 사람의 낚싯대만 부지런히 움직이는 경우가 있다. 대부분의 경우 그 낚시꾼이 '잘 낚이는 미끼'를 썼기 때문이다. '잘 낚이는 미끼'라는 것은 잡고자 하는 물고기가 현재 주로 먹이로 삼는 것, 혹은 가장 먹고 싶어 하는 것이다. 그게 무엇인지 이해하지 못한다면, 옆 사람의 바구니가 물고기로 가득 차는 동안 나는 멀거니 구경만 하는 신세가 될 것이다.

소실대탐, 다시 말해 '되로 주고 말로 받기'는 기본적으로 교환의 방식이다. 내 이익의 일부를 내놓고 상대측 이익의 일부를 얻는 것이다. 충분히 유혹적인 미끼를 써서 상대를 교환의 장 안으로 끌어들이는 노고를 수고롭게 여겨서는 안 된다. 또한 미끼를 아깝게 여겨서도 안 된다. 나에게 있는 것 중에서 일부를 흔쾌히 내어주어야 더 큰 것을 얻을 수 있다.

미끼를 고를 때는 아끼는 사람에게 선물을 하거나 사랑하는 사람에게 청혼할 때처럼 성의를 다해야 한다. 성의가 깃든 미끼는 여기 걸리는 사람들이 제 발로 행복한 사냥감이 되도록 만든다.

때로는 물고기가 미끼만 얻어먹고 유유자적 도망을 칠 수도 있다. 내가 정말 얻고자 했던 큰 것은 물거품이 될지도 모른다. 이 또한 피할 수 없는 요인으로 감수하고 의연하게 뛰어들 때 월척을 낚을 수 있다.

조금 비굴해도
상대가 오만해지게
미끼를 던져보라

Do Be into psychology before 30

소실대탐의 전략은 '밀어내기와 당기기'라는 말로 달리 표현할 수 있다. 여기서 밀어내는 것은 당기기기 위함이고, 후퇴하는 것은 전진하기 위함이다. 상황에 맞게 풀어주고 물러서는 것이야말로 큰일을 이루는 안목이자 기백이다.

'퇴피삼사退避三舍'는 춘추시대에 일어난 한 사건에서 유래한 사자성어이다.

춘추시대 진나라의 문공文公은 국군이 되기 전, 난을 피해서 나라 밖을 떠돌아 다녀야 했다. 마침 초나라에 갔을 때 성왕成王

은 그를 극진히 대우했다. 어느 날 성왕이 문공을 위해 성대한 연회를 베풀며 물었다.

"공자께서 진나라로 돌아가서 군주가 되시면 내게 어떻게 보답하겠소?"

문공이 대답했다.

"왕께서는 보석, 미녀, 비단 어느 하나 부족한 것이 없고 희귀한 새와 상아 또한 귀국에서 나서 우리 진나라로 들어오니 무엇으로 보답을 해야 할지 모르겠습니다."

초나라 왕은 집요하게 물었다.

"아무리 그래도 우리나라에 조금이라도 보답을 해야 하지 않겠소?"

문공은 한참을 고민하더니 이렇게 말했다.

"왕의 은혜를 입어 제가 본국으로 돌아간다면 언젠가 불행히도 두 나라 군대가 중원에서 대치하게 될 것입니다. 그때 진나라 군대가 삼사(90리, 옛날에는 군대가 하루 동안 30리를 행군했는데 이를 시舍라고 일컫는다-역주)를 물러서는 것으로 보답하겠습니다."

BC 632년 실제로 진과 초 사이에 큰 싸움이 벌어졌다. 초나라는 대군을 이끌고 진나라를 향해 진군했다. 문공은 초나라 군대가 가까이 다가오자 전군을 향해 90리를 후퇴하라고 명령했다. 진나라 군사들은 자신의 주군이 초나라 군대를 피하자 이를 치욕으로 여겼다. 당시 초나라 군대는 송나라를 오래도록 공격하고도 함락하지 못해서 이미 사기가 떨어진 상태였다. 어찌 보면 지금이 초나라를 물리칠 다시없는 기회였다. 이때 진나라 장수 호언狐偃이 병사들에게 설명하기를, 주군이 이런 결정을 내린 것은 예전에 초나라가 베푼 은혜에 보답하기 위함이라고 말했다.

사실 진 문공이 90리를 물러선 것은 자신이 한 약속을 지키기 위한 것이기도 했지만 더 중요한 이유는 전략상의 필요 때문이었다. 그는 이 방법으로 진나라 병사들을 자극하는 한편 우쭐해진 초나라 군대의 허점을 노렸던 것이다.

진나라 군대가 성복城濮까지 물러난 뒤 송나라, 제나라, 진나라가 각각 군대를 보내 문공을 지원했다. 한편 초나라 군대에서는 진나라가 90리를 물러서는 것을 보고 이쯤해서 철군해야 한다는 주장이 나왔다. 하지만 장수 자옥子玉은 진군이 철수한 것은 초나라를 두려워하기 때문이라 여기고 군대를 이끌고서 진군을 쫓아갔다. 결국 성복에서 벌어진 전투에서 초군은 진 문공이 이끄는 연합군에 크게 패했다.

'퇴피삼사'에는 전략의 다양한 측면이 담겨 있다. '대중의 지지를 얻고 전쟁의 주도권을 쥐려면 설사 불리한 상황이라 하더라도 자신이 한 약속은 지켜야 한다'라는 교훈 외에도 눈여겨볼 지점은 '당장은 져주는 것처럼 미끼를 던져서 오만한 상대로 하여금 상황을 제대로 읽지 못하게 만들어 결국에 승리를 거둔다'라는 전략이다.

미끼를 던진 후 잠시 물러나면 가장 효과적인 승부처가 눈에 들어오게 마련이다.

고르디아스의 매듭
Gordian knot

psychology

세상에 풀 수 없는
매듭은 없다

'고르디아스의 매듭'이란 복잡하게 얽혀 풀기 힘들지만, 허점을 찾아내거나 발상을 전환함으로써 의외로 간단히 풀 수 있는 문제를 비유하는 말이다.

고대 국가 프리기아^{Phrygia}의 새로운 왕이 된 고르디아스는 자신의 전차를 신전에 바쳤다. 그는 전차를 신전 앞에 아주 복잡한 매듭으로 묶어두었는데 이때 신탁이 내리기를 "이 매듭을 푸는 자가 곧 아시아(소아시아)의 지배자가 될 것이다"라고 했다.

그 뒤로 수많은 사람들이 나서서 매듭을 풀어보려 했지만 모두 실패했다. 페르시아를 정복하고 프리기아의 수도 고르디움까지 점령한 알렉산더^Alexander 대왕이 이 소문을 듣고 달려왔다. 그 역시 처음에는 다른 사람들처럼 매듭을 풀려고 애썼지만 헛수고였다. 그는 이내 칼을 꺼내들더니 전차에 묶인 매듭을 단숨에 잘라버렸다. 그렇게 매듭은 전차에서 풀리게 되었고, 고르디아스의 예언처럼 훗날 알렉산더는 동방을 정복하고 왕이 되었다.

사람의 심리는 고르디아스의 매듭과도 같다. 잔뜩 꼬이고 엉킨 누군가의 마음을 처음 맞닥뜨릴 때면 도무지 풀 재간이 없을 것만 같다. 하지만 해답은 의외로 쉬운 곳에 있다. 가장 약하고 느슨한 지점을 톡 건드리는 순간 매듭은 스르륵 풀릴지 모른다. 혹은 알렉산더 대왕이 그랬듯이, 누구도 예상치 못한 방법으로 매듭 자체를 싹둑 잘라버릴 수도 있다.

정공법만을 고집했다가는 장고 끝에 악수惡手를 두는 꼴이 되기 십상이다. 작은 발상의 전환과 임기응변으로 마음의 매듭을 다뤄보자.

'남의 뇌'가 아니라
'내 뇌'에 넘어가야
진짜 설득이다

Do Be into psychology before 30

유독 완고한 사람들이 있다. 어떤 말로 설득을 하려 해도 '내가 어디 넘어가나 봐라.' 하는 듯한 태도로 방어하고 나선다. '내 생각이 무조건 옳다'라고 말하는 사람을 설득하려면 역발상이 필요하다.

중요한 것은 상대방이 '내가 설득에 넘어갔다'라고 느끼지 않도록 하는 것이다. 그 사람 스스로 생각하여 결정을 내렸다고 믿게끔 만들어야 저항이 없다. 생각의 씨앗을 심어주고 그 사람 안에서 자연스럽게 싹을 틔우도록 유도하는 것이다.

미국 윌슨^{Thomas Woodrow Wilson} 대통령의 보좌관이었던 에드워드 하우스^{Edward M. House} 대령은 여기에 아주 능했던 사람이다. 윌슨 대통령이 집권하던 시기에 하우스 대령은 미국 국내는 물론 국제적인 정책을 구상하는 데도 큰 영향력을 발휘했다. 윌슨 대통령은 내각보다도 하우스 대령의 의견을 더욱 신뢰했을 정도라고 한다.

에드워드 하우스는 어떻게 해서 대통령의 신뢰를 얻었을까? 그는 이렇게 말한 바 있다.

"대통령을 설득하는 가장 효과적인 방법은 새로운 관점을 그의 머릿속에 심는 것입니다. 그러면 이 관점에 대해 흥미를 느끼고 수시로 생각하게 되지요. 한번은 백악관에 찾아가서 당시 현안이 된 문제를 해결할 정책을 건의했지만 대통령은 찬성하지 않았습니다. 그런데 며칠이 지난 뒤 함께 식사하는 자리에서 대통령은 제가 건의했던 정책을 자신이 고안해낸 것처럼 소개하더군요."

대통령이 자신의 공을 가로챈 셈이지만 하우스는 "그게 바로 제가 일전에 말씀드린 내용입니다"라며 아는 척을 하지 않았다. 아무런 내색을 하지 않고 귀 기울여 들으며 '정말 옳은 의견'이라며 지지했다. 윌슨 대통령이 스스로 그 정책을 착안했다고 계속하여 믿도록 놔둔 것이다.

미국 대통령 루즈벨트Franklin Delano Roosevelt가 뉴욕 주의 주지사였을 때도 이 방법을 이용해서 개혁을 이룰 수 있었다.

당시 중요한 자리가 공석이 되자 그는 당 간부들에게 적합한 인재를 추천해달라고 부탁했다. 그런데 당 간부들이 추천한 사람은 복지부동의 태도로 일관하는 오랜 경력의 공무원이었다. 두 번째, 세 번째로 추천을 받은 인사 역시 흡족한 인물은 아니었다. 그때마다 루즈벨트는 간부들에게 감사의 뜻을 전하고 다시금 마땅한 후보를 추천해줄 것을 요청했다. 마지막 네 번째 인사 후보는 받아들일 만했다. 루즈벨트는 두말없이 그를 임명했다.

간부들이 주지사의 기준이 아닌 자기들의 기준을 계속 고집하여 일을 번거롭게 만들었지만, 루즈벨트는 "덕분에 적임자를 임명할 수 있었다"며 모든 공을 당 간부들에게 돌렸다. 이후 간부들은 루즈벨트의 적극적인 지원군이 되어, 그의 정책을 전폭적으로 지지했다. 그리고 법인면허세와 공무원 제도 같은 혁신적인 제도를 기획하여 루즈벨트에게 제안했다. 재미있는 사실은, 실상 이 제도는 루즈벨트가 의견을 미리 제시한 뒤 당 간부들에게 보완하도록 지시한 것이라는 점이다. 그러나 이때도 루즈벨트는 모든 공을 다시금 간부들에게 돌렸다.

에드워드 하우스나 루즈벨트는 결코 만만치 않은 상대를 한 걸음 한걸음 이끌어 자신이 원하는 방향으로 유도할 줄 알았다. 억지로 손을 잡아끌면 상대방은 오히려 더 버티게 마련이다. 아예 뒤돌아서 손이 닿지 않는 먼 곳으로 도망칠 수도 있다. 이럴 때는 상대방에게 넌지시 '생각의 씨앗'을 뿌리는 방법이 효과적이다. 누구든 자기 안에서 자라난 생각의 싹은 스스로 보호하고 지키려 하게 마련이다. 내 생각이 곧 그 사람의 생각이 되도록 만드는 법을 알면 제아무리 완고한 상대라도 우격다짐 없이 내 편으로 만들 수 있다.

부탁해야 할 때는
먼저 상대를 존중하는 것이
성패를 좌우

만약 누군가가 진지한 얼굴로 다가와 한참 뜸을 들이다가 '뭔가 부탁할 것이 있다'는 말을 빙빙 돌려서 꺼낸다면 어떨까? 그 부탁이 뭔지 듣지 않아도 상당히 부담스러운 기분이 들 것이다. 그나마 가까운 사이라면 '도대체 무슨 이야기인가' 싶어 귀담아 들을 테지만 나와 평소에 별 교류가 없던 사람이라면 '왜 나한테 이런 이야기를 하려는 건가' 싶어 마음이 불편해질 것이다. 만약 아예 모르는 사람이나 단체가 일방적인 부탁을 요청하는 상황이라면 불쑥 짜증이 날 수도 있다.

그렇기 때문에 부탁의 성격이 중요하거나 무거울수록 상대방의 주의를 자연스럽게 환기할 필요가 있다. 처음부터 부담을 지우면 성공 확률은 급격히 떨어진다.

　미국 보이스카우트 연맹은 유럽에서 열리는 세계 잼버리 대회의 참가 경비를 후원해줄 기업인을 찾고 있었다. 이 일을 맡은 담당자는 한 대기업의 사장과 어렵사리 약속을 잡았다. 단한 번의 만남으로 후원 여부가 결정되는 상황이라 긴장이 될수밖에 없었다.

　보이스카우트 담당자는 이 기업에 대해 알아보다가 얼마 전에 상당히 흥미로운 사건이 있었음을 알게 되었다. 기업의 사장이 액면가 100만 달러짜리 수표를 발행했는데 그만 사고가생겨서 수표를 폐기하게 되었다. 사장은 이 일을 기념하기 위해 해당 수표를 표구(글이나 그림의 뒷면이나 테두리에 종이 또는천을 발라서 꾸미는 일-옮긴이)했다는 이야기였다.

　사장과의 약속 당일, 보이스카우트 담당자는 정중히 인사를나눈 후 곧장 그 수표 이야기를 꺼냈다.

　"그 수표를 표구했다는 이야기를 들었는데, 저도 한번 구경해볼 수 있을까요? 지금까지 살면서 그 정도 거액의 수표는 본적이 없거든요. 이번 기회에 제대로 보고 우리 보이스카우트대원들에게도 이 이야기를 전해주고 싶네요."

사장은 흔쾌히 승낙했다. 그뿐 아니라 당시의 긴박했던 상황을 상세하게 들려주었다. 이 주제를 놓고 한참 동안 대화를 나눈 후에도 담당자는 후원에 대해서는 여전히 아무 언급을 하지 않았다. 먼저 이야기를 꺼낸 것은 오히려 사장 쪽이었다.

"그런데 오늘 나를 찾아온 특별한 용건이 있다고 들었는데……."

그제야 담당자는 사정을 설명했다. 설명을 들은 사장은 보이스카우트 대원 다섯 명이 세계 잼버리 대회에 참가할 수 있도록 후원하겠다고 약속했다. 뿐만이 아니었다. 자신이 직접 참가단을 인솔하고 참가단의 경비 일체를 책임지겠다는 제안까지 덧붙였다. 이들이 유럽에 머무는 동안 필요한 모든 사항에 관해서는 회사의 유럽 지사에서 지원을 하기로 했다.

보이스카우트 담당자가 예상보다도 훨씬 더 큰 수확을 거두고 돌아올 수 있었던 것은 상대방과 먼저 우호적인 관계를 형성하는 데 집중했기 때문이다. 그 사람의 관심사, 그 사람에게 가치 있고 의미 있는 일에 주목하고 적극적으로 관심을 표명했다. 상대방은 자연스럽게 존중받는다는 느낌이 들었을 것이다. 이것이 바로 마음의 매듭을 한순간 스르륵 풀리게 만든 비결이었다.

Gordian knot

정면승부보다
비스듬히 돌아가기가
필요한 순간

Do Be into psychology before 30

중국의 유명한 책사 강자아姜子牙 역시 '마음 매듭 풀기'의 고수였다.

강태공으로 더 잘 알려진 그가 활동했던 은나라 말기의 주왕紂王은 극악무도한 폭군이었고 사회 문제는 갈수록 심각해졌다. 은나라 주변 여러 제후국에서 하나둘 모반을 꾀했는데 특히 후에 주나라 문왕이 된 서백 희창西伯姬昌의 세력이 점점 커져서 은나라를 무너뜨릴 기세였다.

강자아는 난세에 태어나 뛰어난 재능을 지녔음에도 이를 펼칠 기회를 만나지 못해 낙심하며 지냈다. 그는 한때 은나라 궁

중에서 여러 해 동안 관리로 일한 적이 있었다. 비록 직위는 낮고 미천했지만 마음을 다해 맡은 일을 처리했다. 그는 은나라 주왕이 날마다 주색에 빠져서 국정을 돌보지 않는 것을 보고 여러 차례 죽음을 무릅쓰고 간언하고자 했다. 그러나 주왕에게 간언하는 대신들이 모두 목숨을 잃는 것을 보고서 그는 마음을 달리 먹었다. 은나라의 기운이 이미 다했고 주왕은 결코 옳은 길로 돌아올 사람이 아니었다. 그래서 다른 방법을 생각해 냈는데 바로 새로운 왕을 옹립하는 것이었다.

마침 세력이 커진 희창이 주왕을 제거하기로 결심했고 자신을 도와줄 인재를 구하고 있었다. 강자아는 희창의 주의를 끌기 위해 위수 강 근처에서 낚시를 하며 지냈다. 이곳은 풍경이 아름답고 인적이 드물어서 은거하기 좋은 곳이었다. 물론 강자아는 이곳에서 여생을 보내려는 것이 아니라 희창을 만나서 세상에 나아갈 기회를 기다리고 있었다.

어느 날 희창이 근처로 사냥을 온다는 소문을 듣자 강자아는 변장을 하고 강가에서 낚싯대를 드리웠다. 그는 희창의 주의를 끌기 위해 일부러 낚싯바늘을 수면에서 한참 뜬 채로 드리웠는데 낚싯바늘에는 미끼조차 걸어놓지 않았다. 희창은 이 황당한 장면을 보고 기이히 여기며 가까이 다가가 물었다.

"다른 사람들은 모두 낚싯바늘에 미끼를 걸고 낚싯대를 물

속에 담그는데 선생의 방법으로 고기를 낚을 수 있겠습니까?"

강자아는 희창이 백작임에도 자신을 공손하게 대하는 모습에서 비범함을 알아보았다. 그는 희창의 의중을 좀 더 떠보기로 했다.

"낚싯바늘이 이상하다 말하지 마십시오. 분명 걸리는 것이 있을 겁니다. 세상사람 모두 주왕의 극악무도함을 아는데도 그 낚싯바늘에 일부러 걸리려는 서백(희창)이 있지 않습니까. 주왕은 스스로 지혜롭다 여겨 간언을 듣지 않고 교묘한 말로 자신의 잘못을 꾸미려 하지만, 자신을 대신해 왕이 되려는 마음을 품은 서백을 놓치고 말았지요."

이 말을 들은 희창은 깜짝 놀랐다. 그는 속으로 생각했다.

'깊은 산속에 은거하는 이 노인이 어찌 천하의 일을 이처럼 소상히 안단 말인가? 게다가 나 희창의 마음을 이렇게 꿰뚫어 보다니 결코 범인이 아니다.'

그는 서둘러 강자아를 향해 절하고 공손히 물었다.

"현자의 존함이 어떻게 되십니까?"

"현자라니요, 이 늙은이는 여상이라고 합니다."

"방금 선생의 말씀을 들으니 견해가 명철하고 한마디 한마디가 주옥과 같습니다. 사실 제가 바로 선생께서 말씀하신 희창입니다."

강자아는 짐짓 놀란 체하며 용서를 빌었다.

"이 늙은이가 미처 알지 못하여 터무니없는 말을 지껄였으니 부디 용서해주십시오."

희창은 진심을 담아 간절히 부탁했다.

"터무니없다니요. 오늘날 주왕이 극악무도하고 천하가 어지럽습니다. 선생께서 꺼리지 않으시면 저를 따라 이 산을 나와서 은나라를 멸하고 주나라를 세워 백성을 구하는 일에 힘을 보태주십시오."

이에 강자아는 희창과 함께 마차를 타고 궁으로 향했고 가는 내내 천하의 일을 막힘없이 설명했다. 희창은 물 만난 고기처럼 강자아와의 만남을 기뻐했고 궁으로 돌아간 뒤 곧바로 그를 태사로 삼았다. 이때부터 강자아는 희창을 도와 은을 멸하고 주나라를 세우는 데 큰 힘을 보탰다.

강자아는 은나라 주왕이라는 나무가 곧 쓰러질 것을 보고 고도의 심리전술을 펼쳐서 희창이라는 든든한 나무에 올라탈 수 있었다. 희창의 입장에서 보면 강자아는 외지에서 온 미천한 신분의 노인일 뿐이었다. 강자아가 스스로 희창 앞에 나아가서 모반을 꾀했다면 아마도 의심을 샀을 것이고 잘못하다가는 목숨이 위태로웠을지도 모른다.

정면으로 맞부딪히지 않고 비스듬히 돌아앉아 상대방이 스스로 다가오게끔 만든 강자아의 전략은, 주나라 문왕과 당시의 백성들 모두에게 유익한 결과를 가져왔다.

CHAPTER 4

까놓고 말해
무법천지인 세상을
슬기롭게 건너는 전략

DO BE INTO PSYCHOLOGY BEFORE 30

살리에리 증후군
Salieri syndrome

psychology

당신의 경쟁자는
스트레스
유발자가 아니다

1984년의 영화 〈아마데우스^{Amadeus}〉는 천재 음악가 모차르트와 더불어, 그를 질투하는 2인자 살리에리에 초점을 맞춘 작품이다. 이 영화에서 살리에리는 모차르트 같은 경망스러운 인간에게 모든 재능을 부어준 신을 원망하며, 좌절감과 무력함에 허우적거리는 모습으로 묘사된다. 결국 그는 모차르트를 파멸로 이끄는 역할을 자처한다.

실제로 궁정음악가 살리에리가 모차르트를 질투하여 독살하였는가는 역사적으로 증명되지 않았지만 영화에서 보여준 2인자의 열등감과 경쟁심, 1인자를 증오한 끝에 스스로 절망에 빠져드는 모습은 관객들의 뇌리에 선명하게 각인되었다.

〈아마데우스〉가 세계적으로 흥행한 이후 '살리에리 증후군'은 2인자의 극단적인 심리를 설명하는 심리학 용어로 널리 쓰이게 되었다. 이 용어는 특히 유사하거나 동일한 직업군의 경쟁자, 직장에서 뛰어난 두각을 나타내는 1인자를 향한 좌절감과 질투, 무기력감 등을 가리킨다.

우리는 인생의 수많은 지점에서나 경쟁자를 만나게 된다. 나의 실력이 어느 정도든, 나와 비슷한 영역에서 비슷한 위치에 서 있는 사람은 반드시 있게 마련이다. 중요한 것은 경쟁자가 꼭 쓰러뜨리고 뛰어넘어야 할 장애물이 아니라는 사실이다. 애초부터 경쟁자는 나를 가로막기 위해 존재하는 것이 아니기 때문이다. 그저 같은 목적지를 향해 가는 여정이 있을 뿐이다. 우리는 얼마든 경쟁자와 동행할 수 있고, 그럼으로써 더 빠른 속도로 더 정확한 목적지에 도착할 수도 있다.

영화 속 살리에리가 그랬듯 경쟁자는 최악의 스트레스를 유발하는 악마 같은 존재가 될 수도 있지만, 가장 생생하고 맞춤한 정보를 주는 동료이자 선생님이 될 수도 있다. 모두 우리의 생각에 달린 일이다.

Salieri syndrome

경쟁 중독자는
결코 행복해질 수 없다

Do Be into psychology before 30

'경쟁 중독'에 관한 심리학 강의를 들은 적이 있다. 모든 것을 경쟁 구도로 바라보고 누군가를 꼭 이겨야 직성이 풀리는 '경쟁 중독자'들이 있다. 강의에 따르면 이런 경쟁 중독자들은 2등과 꼴찌가 아무런 차이가 없다고 믿는다고 한다. 이들의 머릿속에는 승자와 패자라는 이분법적 사고가 확고히 자리 잡고 있다.

그렇다면 경쟁 중독자는 승리를 거운 뒤에 자신이 이룬 성과를 누리며 행복해할까? 잠시 짜릿함을 느낄 수야 있겠지만 어느새 다시 불안감이 밀려온다. 곧바로 다음 경쟁에 빠져들기 때문이다.

경쟁 중독자의 인생관은 팀 전체의 균형을 무너뜨린다. 곁에 있는 모든 사람과 겨루려 하고 앞서고자 하며, 상대방을 자기 밑에 두고 휘두르는 데서 희열을 느끼는 팀원이 있다면 무슨 일을 하든 잡음이 끊이지 않을 것이다. 협력하여 프로젝트를 완수하는 것은 고사하고, 팀 자체의 운영이 위기에 처할 수 있다.

버지니아대학교 연구팀의 최근 연구에 따르면 지나친 경쟁심은 폭력성을 높이는 원인이 된다고 한다. 축구팬들을 대상으로 조사한 결과, 오랜 라이벌 관계에 있는 경쟁 팀과 경기를 할 경우 방어적인 전술보다 공격적인 전술을 펼칠 것을 열망했다. 위험을 감수하고서라도 좀 더 거칠고 위험한 경기를 펼치길 바란다는 것이다.

연구팀은 이런 경향이 사람들의 일상적인 사고방식에서도 드러날 것이라고 예측했다. 경쟁자와의 지난 기억에 집착하면 앞으로의 인생에서도 상대방이 중대한 방해 요인이 될 것이라는 결론에 이르게 된다. 경쟁자를 무너뜨리는 데만 몰두하여 경기 전체를 망치는 일이 우리의 삶에서도 일어날 수 있다.

사람들은 어떤 한 가지 기술을 숙련되게 익히거나, 맡은 일을 뛰어나게 잘해냈을 때 뿌듯함을 느낀다. 조금 더 높은 단계로 도약하고 싶다면 비슷한 수준의 사람들과 견주어보고 거기서 자극을 얻는 것도 좋은 방법이 된다. 다만 이때의 경쟁은 결코 '정복'이 되어서는 안 된다. 정복의 과정에는 반드시 이겨야 한다는 압박감, 이기지 못할 수 있다는 두려움이 동반된다. 만약 이기지 못했다면 그때의 좌절감은 분노와 원망으로 이어진다. 혹여 승리했더라도 이때 느끼는 희열은 순수하지 않다. 내가 성장했다는 긍정적인 기쁨이 아니라, 누군가를 밟고 올라섰다는 부정적인 쾌감이기 때문이다.

숲속의 나무들은 서로 햇빛과 양분과 수분을 얻기 위해 다툰다. 하지만 나무들은 한편으로 서로 협력하는 관계이기도 하다. 만약 한 그루의 나무가 모든 경쟁자를 무너뜨리고 혼자서 숲을 독차지한다면 무슨 의미가 있을까? 허허벌판에 선 그 나무는 오래지 않아 거센 바람에 꺾이거나 번개에 맞아 불타고 말 것이다. 온갖 새들과 바람과 풀내음이 어우러진 숲은 더 이상 존재하지 않는다.

인생에서 경쟁자를 만나거든 소중히 대하라. 그가 있어서 당신이 매 순간 투지를 불태우고 잠재력을 발휘할 수 있다. 경쟁자는 우리를 수시로 일깨우는 경종이다. 경쟁자를 적으로 삼고 그가 입은 손해에서 이익을 얻고자 한다면, 자기 자신을 향해 화살을 쏘는 것과 다를 바 없다. 넓은 숲속에 나란히 서서, 서로 가지를 얽고 함께 그늘을 드리워야 함께 성장할 수 있다.

무조건 1등이 최고인 시대는
애초에 없었다

1970년대 말, 일본은 물론이고 세계 오토바이 시장에서 1위를 차지한 회사는 혼다^{Honda}였다. 야마하^{YAMAHA}는 1인자의 자리에 오르기 위해 혼다에 도전장을 던졌다. 일본 산업계에서 역사상 '가장 잔혹한 전쟁'으로 불렸던 이 경쟁은 2년 동안 지속되었으며, 결과적으로는 야마하의 패배로 끝나고 말았다. 야마하가 실패한 원인은 자신과 경쟁사의 실력을 정확히 파악하지 못하고, 일시적인 승리에 집착했기 때문이라는 분석이 일반적이다.

1960년대 이후부터 혼다는 일본의 오토바이 업계에서 선두를 차지했다. 1970년대에 이르러 세계적으로 오토바이 수요가 줄어들자 혼다는 곧바로 새로운 시장을 개척했다. 자동차 시장에 과감히 뛰어든 것이다. 자동차 시장에서 입지를 굳히기 위해 혼다는 회사의 주된 역량을 이 사업에 집중했다.

이때까지 오토바이 시장에서 줄곧 2인자에 머물렀던 야마하는 지금이야말로 혼다를 추월할 기회라고 여겼다. 시장 확대를 위해 모든 노력을 아끼지 않았으며, 1981년에는 시장점유율에서 혼다와 대등한 수준에 오르는 데 성공했다. 승리가 바로 눈앞에 보이자 야마하의 경영진은 과감한 도전에 뛰어들었다. 오토바이 100만 대를 생산할 수 있는 공장을 건설하겠다고 발표한 것이다. 이렇게 되면 야마하는 총생산량에서 혼다를 앞설 것이라는 예측이 가능했다.

야마하의 회장 고이케小池는 신년 연설을 하며 이렇게 발언했다.

"오토바이 전문 메이커로서 우리가 언제까지 혼다의 뒤꽁무니를 쫓아다녀야 합니까. 이제는 혼다를 추월해야 합니다."

그러나 혼다는 만만치 않은 상대였다. 자동차 분야에서 얻은 기술적 우위를 견고한 방패 삼아서 야마하의 공세를 막아냈고 결코 주저앉지 않았다. 곧바로 반격을 시작해 대폭적인 가격 인하 정책에 나섰고 판매점 수도 늘렸다. 이런 대규모 판

촉 전략 덕분에 출혈이 상당했지만, 당시 혼다는 자동차 매출
이 안정적인 상승세에 접어들었기 때문에 자동차 사업부에서
나오는 수익만으로도 이 정도 출혈은 감당할 수 있었다. 결국
혼다는 야마하의 반격을 성공적으로 막아내고 시장점유율을
높일 수 있었다.

한편 오토바이만 생산해온 야마하는 기업의 생존을 오롯이
오토바이에 기대던 상황이었다. 부담을 이기지 못한 야마하는
결국 가격 전쟁에서 패하고 말았다.

당시 혼다가 선택한 또 다른 정책은 상품의 갱신 주기를 단
축하고 다양한 신상품을 빠르게 선보이는 것이었다. 18개월
동안 혼다는 81종의 신모델을 출시하고 32종의 구모델을 단
종시켰다. 야마하는 충분한 자금을 확보하지 못했기 때문에 혼
다가 81종의 신모델을 출시하는 동안 34종의 모델을 출시하
는 데 그쳤다. 신모델 출시가 늦어지자 시장에서 야마하의 인
기는 시들해졌고 매출이 급격하게 하락했다. 부채로 연명하던
야마하는 1982년 말 부채 총액이 2,200억 엔(약 2조 3,000억
원)을 넘어섰고 결국 이듬해 혼다에게 백기를 들었다.

만약 야마하가 혼다를 누르고 1위 자리를 빼앗겠다는 경쟁
심에 불타지 않았다면 두 회사가 함께 상생하는 건강한 터전

을 만들 수도 있었을 것이다. 1등을 무조건 꺾어야 하는 상대로 인식했기에 무리한 방법을 강행했고, 결국 여기에 실패하여 큰 충격을 감당해야 했다.

Salieri syndrome

맹목적인 경쟁으로
인생을 허비할 수 없다

Do Be into psychology before 30

맹목적인 경쟁이 사람과 관계를 얼마나 망가뜨릴 수 있는지 잘 보여주는 예화가 있다.

두 명의 신실한 신도가 머나먼 성산으로 순례를 떠났다. 친한 친구 사이기도 했던 두 사람은 성산에 이르기 전에는 절대로 돌아오지 말자고 함께 다짐했다.

두 친구가 길을 떠난 지 보름이 넘었을 때 백발이 성성한 성인 한 명과 마주쳤다. 성인은 이들의 사연을 듣고는 대견해하며 말했다.

"이곳에서부터 성산까지는 열흘은 더 가야 하네. 아쉽게도 나는 여기서 자네들과 헤어져야 하네. 헤어지기 전에 자네들에게 한 가지씩 선물을 주겠네. 둘 중 한 사람이 먼저 소원을 빌면 그 소원이 바로 이뤄질 것이고, 나머지 한 사람은 그 소원의 두 배를 받을 걸세."

두 친구는 각자 생각했다.

'무슨 소원을 빌 것인지 결정했어. 그렇다고 먼저 말할 수는 없지. 내가 손해를 볼 수는 없잖아.'

둘은 티격태격하기 시작했다.

"네가 먼저 소원을 말해봐."

"난 아직 마음을 정하지도 못했어. 네가 먼저 말해. 나는 조금 더 생각하고 있을 테니까."

"거짓말 하지 마. 속이 다 훤히 보이는구먼."

"지금 뭐라고 했어?"

점점 감정이 격해진 두 사람은 주먹다짐까지 하면서 상대방에게 먼저 소원을 말하라고 다그쳤다.

그러다 한 명이 화가 잔뜩 나서 큰 소리로 말했다.

"네가 이런 식이면 나는 아예 소원을 빌지 않을 테니까, 알아서 해. 여기 평생 버티고 앉아서 그냥 굶어죽든가!"

약이 오른 다른 친구는 결국 이성을 잃고 말았다. 그리고 이렇게 말했다.

"좋아, 내가 먼저 소원을 빌지. 제 소원은…… 제 한쪽 눈을 멀게 해주십시오!"

그 말이 끝남과 동시에 이 친구는 정말로 한쪽 눈이 멀었고, 다른 한 명은 두 눈을 모두 잃고 말았다.

원래는 모두에게 축복이 될 수 있었던 기회는 끔찍한 저주가 되고 말았다. '내가 무엇을 원하는가'보다 '상대방이 무엇을 얻을 것인가'에 초점을 맞춘 결과다. 내 옆의 사람보다 조금이라도 더 가져야 만족하는 마음은 스스로를 늘 빈곤하게 만든다. 꼬마 아이가 동생 손에 들린 사탕에 신경 쓰느라, 제 손에 있는 맛있는 사탕은 거들떠보지도 않고 울고불고 하는 것과 다르지 않다. 어른이 된 우리는 내 손에 무엇이 있는지, 내마음은 무엇을 원하는지, 지금 나에게 필요한 것은 무엇인지에 시선을 고정할 수 있어야 한다. 그래야만 어렵게 찾아오는 기회들을 온전히 축복으로 맞바꿀 수 있다.

서른 이후,
함께 살고 함께 이기는 법
터득하기

Do Be into psychology before 30

지혜로운 사람은 경쟁자의 손을 빌려 목적을 이룰 수 있기 때문에 상대방의 손해로부터 이익을 취하려 하지 않는다.

당나라의 대장군 곽자의郭子儀는 안사의 난(중국 당나라 중기에 안녹산과 사사명 등이 일으킨 반란-옮긴이)을 평정하는 큰 공을 세우고 조정에서 높은 명망을 얻었다. 황제의 두터운 신임을 얻고 있던 태감 어조은魚朝恩은 곽자의를 질투해서 자신의 정적으로 삼고 기회만 있으면 황제 앞에서 그를 험담했다. 이 일을 알게 된 곽자의는 그냥 웃어넘기며 결코 반격하지 않았다.

한번은 곽자의 부친의 묘소가 도굴되어 관에서 도적을 잡으

CHAPTER 4. 까놓고 말해 무법천지인 세상을 슬기롭게 건너는 전략 183

려 했지만 잡지 못했다. 사람들 사이에는 어조은이 이 일의 주모자이며 곽 씨 가문의 좋은 기운을 꺾기 위해서 이런 만행을 저질렀다는 소문이 떠돌았다. 대신들은 곽자의가 이 일로 반역을 일으킬지 모른다고 여겨서 만일의 사태를 대비해 그가 도성으로 들어오는 길목에 군사를 배치했다. 곽자의는 황제를 알현하고는 통곡하며 말했다.

"신이 그동안 군의 기강을 제대로 세우지 못한 탓에 많은 병사들이 묘를 파내어 재물을 훔쳤습니다. 이제 신의 가문의 묘가 파헤쳐졌으니 이는 자업자득입니다. 어찌 다른 사람을 탓할 수 있겠습니까!"

곽자의의 말을 듣고 황제는 그제야 마음을 놓았다.

또 한번은 어조은이 교외에 연회를 준비하고 곽자의를 초대했다. 이때 한 대신이 곽자의에게 조언하기를, 오늘의 연회는 어조은이 파놓은 함정이니 가지 말라고 말렸다. 곽자의는 이 말을 믿지 않았고 기어코 연회가 열리는 곳으로 갔다. 이 소식을 들은 그의 수하 장수들은 칼을 빼들고 그의 곁을 지켰다. 그러자 곽자의가 이들에게 말했다.

"천자의 명령이 없이는 누구도 일국의 대신인 나를 해칠 수 없거늘, 어조은이 어찌 감히 나를 해하겠는가? 또한 그가 천자의 명을 받았다면 누구도 나를 보호할 수 없으니 자네들이 나와 같이 간들 무슨 소용이겠는가?"

이렇게 해서 곽자의는 시종 몇 명만 데리고 연회 장소로 갔다. 그 모습을 본 어조은은 적잖이 놀랐다. 곽자의는 어조은에게 자신이 들은 이야기를 전한 뒤 이렇게 덧붙였다.

"괜히 많은 사람을 데리고 와서 그대를 번거롭게 할 일이 있겠는가."

어조은은 가슴에 손을 얹고 눈물을 흘리며 말했다.

"장군처럼 덕망이 높지 않고서야 어찌 저를 의심하지 않겠습니까?"

이때부터 어조은은 적의를 내려놓고 진심으로 그에게 승복했으며 기회가 있을 때마다 황제 곁에서 그를 칭찬했다. 만약 곽자의가 자신을 견제했던 어조은에게 똑같은 방법으로 응수했다면 그를 진작에 쳐낼 수도 있었을 것이다. 하지만 그는 그렇게 하지 않았고 넓은 도량으로 정적을 친구로 바꾸어놓았다.

옛말에 이르기를 적군 1만을 죽이면 아군 8,000이 죽는다고 했다. 경쟁을 일단 시작하면 승자가 되더라도 출혈이 너무 커서 얻는 것보다 잃는 것이 많은 경우도 생긴다. 누군가를 밟고 올라서고자 할 때는 나도 어쩔 수 없이 상처를 입기 때문이다. 이런 경쟁의 논리에서 벗어날 때 양측 모두 이익을 얻음으로써 함께 살고 함께 이기는 결과를 얻을 수 있다.

어떤 거대한 성공이라도
이루는 순간
과거가 된다

Do Be into psychology before 30

당신이 만끽하고 있는 성공 안에 실패의 요소가 숨어 있다는 사실을 아는가? 화약이 발명되어 인류에게 많은 도움을 주었지만 후에는 살상 무기가 되어 끝없는 비극을 불러왔다. 마찬가지로 지금의 실패는 장래 얻게 될 성공의 원동력이 될 수 있다. 성공과 실패를 '시간의 배'에 싣고 무게를 잰다면 아마도 동일한 값을 얻을 것이다.

사실상 인생에서 경험하는 모든 성공과 실패는 본질상 과거의 일이다. 따라서 현재와 미래에는 직접적인 의미가 없다. 성공을 경험한 사람과 실패를 겪은 사람의 출발선이 크게 달라

보일지 모르지만, 과거를 덜어내고 보면 모두 동일한 출발선에서 있다. 미래의 어느 순간 당신은 타인을 앞설 수도 있고, 그의 뒤를 쫓을 수도 있다. 그 결과는 이 순간과 저 순간 사이의 시간에 달려 있다.

이 시간 동안 성공은 당신에게 짐이 되어 앞을 향해 달려가는 데 거추장스러운 방해물이 될 수 있다. 혹은 실패가 탄력 있는 발 받침대 역할을 하여 추진력을 제공할 수도 있다. 과거의 성공은 결코 미래의 성공을 보장하지 않음을 기억하라.

로미오와 줄리엣 효과
Romeo & Juliet effect

칼을 겨누고
노려보는 상황일 때
필요한 전략

로미오와 줄리엣은 서로를 본 순간 한눈에 반한다. 그리고 몰래 사랑을 키운다. 여기까지는 흔하디흔한 사랑 이야기다. 우리가 이들의 로맨스를 숭고하게 기억하는 것은 로미오와 줄리엣이 사랑을 위해 목숨까지 바쳤기 때문이다. 만약 두 가문이 원수 집안이 아니었다면 어땠을까? 마음껏 연애하다가 성격이 불같은 두 사람이 마음이 안 맞아 결국 헤어졌을지도 모를 일이다.

'로미오와 줄리엣 효과'라고 하면, 주위의 반대나 억압이 심할 때 자신의 생각을 더욱 강하게 고집하고 저항하는 심리적 현상을 말한다. 하지 말라는 일은 더 하고 싶고, 남의 떡이 더 커 보이는 것이 인지상정이다. 이를 조금 더 발전시켜 인지부조화 이론을 설명하는 데 인용하기도 한다.

인지부조화란 자신의 신념과 태도, 행동이 서로 모순될 때 불편함을 느끼며, 이를 해소하기 위해 특정 행동에 대한 신념이나 태도를 바꾸어서 스스로 합리화하는 심리 작용을 말한다. 다시 말해, 사람들은 자신의 신념이 틀린 것으로 판명되었을 때 이 사실을 순순히 인정하기보다 자신에게 유리한 쪽으로 현실을 왜곡한다는 것이다.

로미오와 줄리엣은 '가문의 명예를 지켜야 한다'라는 가치와 '사랑하는 사람과 함께하고 싶다'는 가치 사이에서 극심한 갈등을 느꼈다. 그리고 결국 자신들의 사랑을 합리화하고 정당화하는 선택을 하게 된다. 외부의 반대와 압박이 심해질수록 두 사람의 세계는 더 단단해졌으리라.

세상을 살면서 우리는 서로 다른 수많은 가치와 신념 사이에서 갈등을 겪는다. 타인과의 갈등은 물론이고 나의 내부 안에서도 수시로 크고 작은 신념들이 부딪히고 깨어진다.

서른의 나이는 특히 그렇다. 내가 선택한 길이 정말 옳은지, 내 옆에 있는 이들과 앞으로도 계속 함께해야 하는지를 바쁘

게 고민하게 된다. 특히 타인과 나의 신념이 충돌할 때는 고민이 커진다. 상대방이 무조건 틀리고 나는 무조건 옳은 경우는 거의 없다. 각자가 그렇게 행동할 수밖에 없는 자기만의 논리 위에 서 있으며, 누군가가 그것을 무조건 꺾으려고 할 때면 강하게 반발할 수밖에 없다.

누군가와 입장이 서로 다를 때 그것을 곧이곧대로 지적하고 비판하는 것은, 자신도 의식하지 못하는 사이 상대방을 학생의 자리에 앉히고 자신은 선생의 자리에 서는 것과 마찬가지다. 느닷없이 학생 의자에 앉게 된 상대방은 결코 수긍하려 들지 않을 것이다. 설령 당신이 정말 선생님이라고 할지라도 말이다.

300여 년 전 이탈리아의 위대한 천문학자 갈릴레이Galileo Galilei가 말했다.

"사람에게 어떤 일을 가르치는 것은 불가능하다. 다만 그가 스스로 그 일을 터득하도록 도울 수 있을 뿐이다."

혹시 누군가와 서로 칼을 겨누며 노려보는 상황에 처해 있는가? 서른의 로미오라면 일단 칼은 내려놓도록 하자. 이것은 결코 소극적인 결정이 아니며, 무조건 양보하거나 완전히 포기하는 것도 아니다. 상대의 예리한 칼끝을 피해 잠시 물러서서 힘을 모으고 적절한 시기가 될 때까지 기다린 뒤 더 큰 걸음을 내딛기 위한 선택이다. 날카로운 칼날로 상대방에게 치명상을 입히고, 양쪽 가문 모두에게 지울 수 없는 아픈 역사를 만들어서는 안 된다. 모두의 축복 속에서 아름다운 줄리엣과 행복한 결혼식을 올리는 것이 당신의 목적이라는 것을 잊지 말라.

내 이익을 침범하는 사람이라도
내 편으로

일상생활에서든 사회생활에서든 결코 공존할 수 없는 적은 드물다. 우리가 적으로 여기는 대상은 단지 성격이 맞지 않거나 서로의 이익이 충돌하는 경우가 대부분이다. 상대방을 누르고 꺾고자 한다면 양쪽 모두 다칠 뿐이다. 전체적인 국면을 놓고 보면 누구도 이익을 얻지 못한다. 그렇다면 어떻게 해야 할까?

낙숫물이 댓돌을 뚫고, 속이 빈 대나무가 강풍에 꺾이지 않는 것처럼 부드러움으로 강함을 이기고 소위 '적'을 친구로 만들어야 한다.

볼드윈Baldwin 운수회사의 회장 프랭크가 젊었을 때의 이야기다. 당시 그는 회사에서 까다로운 업무를 하나 맡았는데, 이를 깔끔하게 해결한 이후 승진가도를 달리기 시작했다. 기관차 공장에서 근무하던 그는 회사에 한 가지 제안을 했다. 대지를 구입해서 사무실 빌딩을 짓자는 것이었다. 회사는 이를 승낙하고 대지를 구입했다. 문제는 그곳에 살고 있던 100여 가구 모두를 이주시키는 일이었다. 그런데 주민 중에서 한 아일랜드 출신 노부인이 회사의 계획을 강하게 반대하고 나섰다. 다른 주민들도 부인의 영향을 받아서 이주를 거부했고, 똘똘 뭉쳐 회사와 끝까지 싸우겠다는 뜻을 내비쳤다.

프랭크는 사장에게 말했다.

"이 문제를 법적으로 해결하려면 시간과 돈이 너무 많이 듭니다. 그렇다고 주민들을 억지로 쫓아내면 적을 만드는 셈이라, 나중에 빌딩이 완공되더라도 문제가 계속 생길 겁니다. 이 일을 제게 맡겨주시면 책임지고 처리하겠습니다."

그는 이 복잡한 상황을 해결하기 위해 유화책을 쓰기로 하고 아일랜드 출신의 노부인을 찾아갔다. 부인의 집 앞에 도착했을 때 마침 그녀는 현관 앞 계단에 우두커니 앉아 있었다. 그는 일부러 무언가 생각에 빠진 사람처럼 노부인 앞을 서성거렸다. 이런 프랭크의 행동은 금세 부인의 눈길을 끌었다. 부인이 프랭크에게 물었다.

"이봐요, 젊은이, 무슨 문제라도 있나? 내가 도와줄 수도 있을 테니 어디 한번 말해 봐요."

프랭크는 부인에게 다가가서 이렇게 말했다.

"부인의 도움이 필요한 일이 정말로 있습니다. 부인께서 지금 하는 일 없이 앉아 계시는 것을 보니 사실 재능을 낭비하고 계시는 것 같아 안타깝네요. 부인께서는 남들에게 없는 강한 리더십이 있다고 들었습니다. 이곳에 새로운 빌딩을 짓는다고 하더군요. 부인, 판사나 대통령도 못하는 일을 해보는 건 어떻습니까? 이웃들에게 새로운 보금자리에서 새로운 시작을 해보자고 설득해보세요. 그렇게만 된다면 관련된 사람들 모두 부인에게 고마워할 겁니다."

고집 센 아일랜드 노부인은 프랭크의 칭찬에 고무되어 이튿날부터 필라델피아에서 가장 바쁜 사람이 되었다. 그녀는 새로 이주할 동네와 이사할 집을 열심히 알아보러 다녔고 이웃들이 이주하는 데 필요한 모든 일을 앞장서서 처리했다. 덕분에 주민들의 이주는 신속히 진행되었고 회사 빌딩은 예상했던 것보다 훨씬 일찍 시공에 들어갈 수 있었다. 비용 또한 처음 예산에서 훨씬 절감되었다.

프랭크는 자칫 적으로 돌아설 수도 있던 부인과 이주민들을 유화책으로 돌려세운 공로를 인정받았고 이후 승진을 거듭해 나중에는 회장의 자리에까지 올랐다.

우리는 언제든 내 이익을 침범하는 사람을 만날 수 있다. '어디, 누가 이기나 보자.' 하는 심정으로 상대방을 몰아세우고 싶은 심정이 들 수도 있을 것이다. 하지만 둘 다 이기는 윈윈 전략은 어느 상황에서든 가능하다.

Romeo & Juliet effect

서른 이후,
더더욱 100% 확실한 일은 없다

Do Be into psychology before 30

　'여지를 남긴다'라는 말은 똑부러지지 않은, 뭔가 흐
릿하고 우유부단한 느낌을 준다. 눈치를 보면서 이리저리 재는
듯한 광경이 떠오르기도 한다. 하지만 인생을 살아가면서 우리
는 '여지'라는 것이 반드시 필요한 덕목임을 절감하게 된다.

　단언하는 것은 컵에 물을 가득 채운 것과도 같다. 여기에 얼
음이라도 하나 넣으면 컵 밖으로 물이 흘러넘친다. 조금의 여
지도 없이 물이 가득 찬 컵은 다른 곳으로 옮기기도 힘들다. 조
금이라도 컵이 흔들리면 왈칵 넘쳐서 손과 옷소매를 적시고
만다.

실제로 단언을 했다가 곤란한 상황에 처했던 경험이 다들 한 번쯤은 있을 것이다. "아무 걱정 말고 나한테 맡겨. 내가 다 알아서 할게"라고 호언장담한 끝에 결국 민망하고 초라한 사과를 해본 적 있는가? "그건 100퍼센트 확실해. 만약 네 말이 틀리면 어떡할래?"라고 상대편을 몰아세웠다가 정작 틀린 사람은 자신이라는 사실이 드러나 망신살이 뻗친 적은? 극단적인 말은 상황이 여의치 않을 때 만회할 기회조차 미리 차단하는 처사다.

서른 즈음이라면 세상 일이 꼭 내 생각대로, 내가 원하는 대로 움직이지는 않음을 잘 알 것이다. 컵이 흔들려도 넘치지 않게 빈 공간을 남겨두는 것처럼, 생각과 말에도 여지를 남겨놓아야 한다. 그래야 예상하지 못한 상황이 생겼을 때 여유롭게 대처할 수가 있다.

언젠가 이런 에피소드를 들은 적이 있다. 어떤 사람이 일터에서 동료 직원과 심한 의견 충돌을 빚었다. 감정이 너무 상한 나머지 그 동료를 향해 대뜸 이런 말을 내뱉었다.

"오늘부터 널 모르는 사람으로 대할 테니까 그런 줄 알아. 이제 서로 모르는 사이다."

몇 달 후 회사에서 새롭게 인사 발령이 났고, 공교롭게도 그 동료가 남들보다 빠른 승진을 하여 그 직원의 상사가 되었다. 이 새로운 상사는 마음이 그리 넓은 인물은 못 되었는지, 옛 동료를 정말 남남처럼 싸늘하게 대했고 그 직원은 자신이 뱉은 말 때문에 전전긍긍하다가 끝내 회사를 그만두고 말았다.

다른 사람과의 관계에서 여지를 남긴다는 것은 말과 행동 속에 앞으로 나아가거나 뒤로 물러설 수 있는 공간을 확보한다는 의미다. 더불어 다른 사람에게도 적당히 움직일 수 있는 여지를 주어야 한다. 상대를 벼랑 끝으로 몰아서는 안 된다. 그 사람은 필사적으로 스스로를 합리화할 것이고, 비장한 로미오와 줄리엣처럼 자신의 세계를 어떻게든 보호하려 할 것이다.

그런 비극을 피하기 위해서는 최소한 한 가지를 기억하라. 누군가와의 관계가 틀어지더라도 불구대천의 원수로 삼아서는 안 된다. 나와 인연이 아닌 사람이라면 그저 인연을 접는 편이 나에게도 이롭다.

덧붙여, 누군가에 대해 성급히 판단하는 것을 조심하라. '저 사람은 끝났다', '저 사람은 미래가 없다.' 하는 식으로 다른 사람의 앞날을 함부로 예단하는 말은 삼가야 한다. 관계 속에서 넉넉하게 여지를 확보해놓는다면 어느 날 내가 던진 말 때문에 스스로 궁지에 몰릴 일이 없을 것이다.

그 사람과 예기치 못한 일로 다시 얽힐 수 있다는 사실까지 굳이 되새기지 않아도 되리라. '원수'보다는 '남'이 내 인생에 훨씬 도움이 되지 않겠는가.

어떤 상황에도
나의 '적'이 없다고 생각하면
의외로 일이 풀린다

Do Be into psychology before 30

미국의 대공황 시절 이야기다. 크리스마스이브 저녁, 어느 보석 가게의 문을 열고 젊은 남자가 한 명 들어왔다. 그 시간에 직원들은 거의 다 퇴근하고 어린 여직원 혼자서 매장을 지키던 중이었다.

직원이 인사를 건네자 손님은 어색하게 웃어 보였다. 진열대를 둘러보다가 직원과 눈이 마주치자 황급히 시선을 피하는 모습이 어딘지 초조하고 불안해 보였다. 이때 전화벨이 울렸고 직원이 전화를 받기 위해 몸을 돌리다가 그만 액세서리 진열대를 건드려 바닥으로 떨어뜨리고 말았다. 진열대에 나란히 꽂

혀 있던 반지 여섯 개는 순식간에 바닥으로 흩어졌다. 정교하게 세공된 상당히 고급스러운 상품이었다.

여직원은 당황해서 몸을 숙이고 서둘러 반지를 주웠지만 하나는 아무리 찾아도 보이지 않았다. 고개를 들었을 때는 방금 전까지 매장 안에 있던 손님이 문을 향해 성큼성큼 걸어가고 있었다. 그 남자가 여섯 번째 반지를 가져갔다는 것을 단번에 눈치 챌 수 있었다.

남자가 막 나가려는 순간 직원은 차분한 목소리로 그를 불렀다. 두 사람은 한동안 아무 말 없이 서로를 응시했다. 직원의 머릿속에는 현재 일어날 가능성이 있는 모든 상황이 떠올랐다. 남자가 먼저 무슨 일로 그러냐며 입을 뗐다.

직원은 간신히 용기를 내어 이렇게 말했다.

"이곳이 제 첫 직장이에요."

"네?"

직원은 좀 더 침착한 목소리로 말을 이었다.

"요즘처럼 경기가 좋지 않을 때는 직장을 구한다는 게 얼마나 힘든지 몰라요."

남자는 그녀를 물끄러미 본 후 얼굴에 옅은 미소를 띠었다. 직원 역시 긴장했던 마음을 풀고 그를 향해 미소 지었다. 이윽고 남자는 한걸음 다가와 손을 내밀며 말했다.

"맞아요, 정말 그래요. 하지만 당신은 이곳에서 아주 잘 해 낼 겁니다."

잠시 동안 악수를 나눈 후, 남자는 천천히 몸을 돌려 문을 향해 걸어갔다.

어린 직원은 손님의 뒷모습이 문 밖으로 완전히 사라진 것을 확인한 뒤, 카운터로 돌아가서 손에 쥔 여섯 번째 반지를 원래 자리에 진열했다.

만약 직원이 남자를 '적'으로 간주하고 큰 소리로 "도둑이야~" 하고 외쳤다면, 위에서처럼 양쪽 모두 웃는 얼굴로 헤어지는 해피엔딩은 결코 만들지 못했을 것이다. 혹시라도 남자가 절도죄로 감옥에 갔다면 어린 여직원은 평생 죄책감에 시달리지 않았을까? 대공황 시기에 오랫동안 실직 상태에 있던 남자에게는 말 못할 사정과 고민이 있었으리라. 뒤늦게 그 사연을 접한 여직원은 아마 오랫동안 후유증에 시달렸을지도 모를 일이다.

하지만 현명한 직원은 낯선 이에게 '원수'로 남는 것보다 '은인'으로 남는 것을 선택했다.

서른 살의 사전에서
'자존심'이란

'자존심'이라는 단어를 사전에서 찾아보면 '남에게 굽히지 아니하고 자신의 품위를 스스로 지키는 마음'이라고 설명한다. 여기서 '남에게 굽히지 않는다'라는 부분은 어떻게 해석해야 할까? 누군가가 나를 업신여긴다면 분노하고 맞서야 한다는 의미일까?

'서른 살의 사전'이라면 이 부분을 좀 더 유연하게 해석할 필요가 있다. '자존심'을 정의하는 뒤의 문장, 즉 '자신의 품위를 스스로 지키는 마음'이라는 부분과 연결해보면 알 수 있을 것이다. 남들과 맞서 싸우면서 나의 품위를 지키기란 생각처럼 쉽지 않다는 사실을 말이다. 험한 말이 오가고, 우격다짐을 하다가 먹살이 잡힐 수도 있다. 서로 굽히지 않으려 할수록 원치 않는 상처를 입을 가능성이 크다.

그러므로 자존심을 지키는 가장 단순한 방법은 '분노' 대신 '분발'하는 것이다.

노예 해방이라는 위대한 업적을 남긴 미국의 대통령 링컨은 정계에 발을 들이기 전까지만 해도 이름 없는 변호사에 불과했다. 어느 날 그는 중요한 소송을 처리하기 위해 시카고로 향했다. 당시 미국 내에서도 손꼽히는 대도시였던 시카고에는 내로라하는 이름난 변호사들이 모여 있었다. 그들은 링컨을 환영하지 않았고 시골뜨기라며 냉대했다. 그들의 눈에 링컨은 스프링필드라는 시골에서 온 어설픈 신출내기에 불과했기에 그와 가깝게 지내면 체면이 깎일 수도 있다고 여겼다.

링컨은 그들의 업신여김을 어떻게 받아들였을까? 그 부리부리한 눈을 치켜뜨고 경멸의 시선을 쏘아 보냈을까? 면전에서 독설을 퍼부었을까? 아니다. 만약 그랬다면 링컨은 훗날의 명성을 얻지 못했을 것이다.

그는 스프링필드로 돌아간 뒤 동료에게 이렇게 말했다.

"시카고의 변호사들은 내가 지식과 경험이 부족하다는 사실을 한눈에 알아보더군. 덕분에 아직 배워야 할 게 많다는 걸 깨달았어."

링컨은 모욕을 당하고도 기죽지 않았고, 오히려 더 분발해서 미국의 대통령 자리까지 올랐다. 하지만 한때 그를 무시하고 무례하게 굴었던 사람들은 여전히 변호사로 남아 있었다.

살아가는 동안 우리는 종종 모욕의 순간을 경험한다. 그럴 경우 똑같이 되갚아주고 싶어지는 것이 당연하다. 하지만 이때 초점을 맞추어야 할 것은 '타인의 품위'가 아닌 '나 자신의 품위'다. 나도 타인의 품위에 흠집을 내고 끌어내려야겠다고 마음먹는 순간 나의 품위를 지키는 것조차 쉽지 않아진다.

태연한 태도로 상대방이 나의 인격과 품위를 망가뜨릴 수 없음을 표현하라. 그 사람의 오만함을 그저 내가 더 분발하는 데 보탬이 될 작은 밑거름으로 사용하라. 그것이 자존심을 지키는 현명한 방법이다.

보호색 효과
protecting coloration

psychology

끝까지 살아남는 비결, 주변에 묻힌 듯 위장하기

먹고 먹히는 약육강식의 세계에서 동물들은 저마다 생존 비법을 진화시켰다. 적과 마주쳤을 때 가장 흔히 사용하는 방법은 바로 삼십육계 줄행랑일 것이다. 그러나 누구나 이 방법으로 성공하는 것은 아니다. 쫓아오는 포식자가 나보다 더 빠르다면 결국 독 안의 쥐 신세를 면하지 못한다.

작고 약하고 느린 동물들이 살아남기 위해 선택한 최상의 방법은 바로 보호색이다. 몸 색깔이나 무늬를 주변과 비슷하게 바꾸어 위장하면 숨이 턱까지 차오르도록 뛰지 않고도 그 자리에 천연덕스럽게 멈춰 서서 포식자를 따돌릴 수 있다. 이런 보호색은 피식자만이 아니라 때로 포식자의 무기가 되기도 한다. 보호색을 이용해서 눈에 띄지 않게 숨어 있다가 잽싸게 먹잇감을 덮치곤 한다.

우리 사람들에게도 보호색은 필요하다. 내가 지금 어느 위치에 있는지, 나의 능력은 어느 정도인지를 온갖 화려한 색깔과 모양으로 드러내는 것은 적자생존의 세상에서 끝까지 살아남는 데 적당한 방법이 아니다. 보호색을 이용해 짐짓 주변에 묻힌 듯이 위장하고 있다가 결정적인 순간에 최대의 힘을 발휘해야 판세를 나에게 유리하게 이끌 수 있다.

protecting coloration

선두 자리를 내어주고
여유롭게 주변을 탐색하라

Do Be into psychology before 30

장거리 달리기 경주를 해본 적 있는가? 초반에 앞서 나갔던 선수가 끝까지 선두 자리를 지키는 경우는 거의 없다. 달리기에서 선두에 서는 것은 불리한 전략이다. 모든 경쟁자들의 추월 목표가 되기 때문이다.

학교 다닐 때 실시했던 체력 평가 종목 중에 오래 달리기가 있었다. 여기서 누가 1등을 차지하는가는 중요하지 않다. 다만 '얼마나 오래 달릴 수 있는가'가 관건이다. 각 학급마다 발이 빠른 학생이 있는가 하면 느린 학생도 있다. 발이 빠른 학생은 선두에서 달리고 느린 학생은 뒤처져서 달린다. 이때 놀라운 일이 종종 일어나는데, 운동 신경 없기로 소문난 친구가 이를 악물고 뛰어서 가장 높은 등급을 받곤 한다. 이 학생이 의외의 성적을 거둘 수 있었던 이유는 선두 주자를 목표로 삼고 뛰었기 때문이다.

육상 경기에서 초반에 선두를 달리는 사람은 경쟁자들의 '타깃'이 된다. 뒤에 따라오는 수많은 경쟁자들은 이 종목을 위해 오랫동안 준비해온 사람들이다. 하나같이 강인하고 노련하다. 있는 힘껏 선두 주자를 추월하려는 선수도 있지만, 경우에 따라서는 일부러 1위 자리를 양보하고 거리를 두기도 한다. 선두 주자는 조금만 긴장을 풀면 순식간에 추월당해서 뒤로 밀리기 때문에 속도를 늦추고 싶어도 늦출 수 없다.

강자는 고독할 뿐만 아니라 아무런 도움도 받지 못한다. 이에 반해 그 뒤를 좇는 소위 '약자' 그룹은 선두 주자를 타깃으로 삼아서 얼마든 자신의 페이스를 조절할 수 있다. 이렇게 페이스를 조절해서 비축한 힘으로 최후의 순간에 전속력을 내는 것이다.

비즈니스 업계에서도 이런 장거리 달리기의 원리를 따르는 기업들이 있다.

몇 년 전, IT 업계에서 주목받는 어느 기업 CEO의 인터뷰 기사를 보았다. 그를 인터뷰한 기자는 '경쟁 업체와 차별화하기 위한 이 기업만의 전략은 무엇인가?', '경쟁 업체가 이러이러한 서비스로 고객을 유치하고 있는데 여기에 대해 어떻게 생각하는가?' 등등 경쟁 업체와 관련된 질문들을 집중적으로 던졌다.

하지만 이 CEO의 대답은 단순했다.

"저는 경쟁 업체와 대결하고 싶지 않고, 또 대결할 필요도 없다고 생각합니다. 왜냐하면 우리 회사는 '2등 정책'을 채택하고 있거든요."

"아, 1등이 아니라 굳이 2등을 목표로 하시는 이유는 뭔가요?"

"업계 1등은 연구개발, 마케팅, 인적 자원, 설비 등 모든 면에서 다른 기업보다 뛰어나야 하지 않겠습니까? 경쟁 업체로부터 추월당하지 않기 위해 끊임없이 규모를 키우고 투자를 해야 합니다. 1등의 자리를 지키기 위해서는 엄청난 에너지가 들죠. 혹시 예측할 수 없는 문제라도 생기면 1등은 고사하고 2등 자리를 지키는 것도 쉽지 않을 겁니다."

이 CEO의 대답을 보면서 상당히 현명하다는 생각을 했다. 물론 그의 말은, 1등을 하지 말라거나 1등이 가치가 없다는 의미는 아니다. 누구든 1등의 자리에 오를 능력이 있고, 그럴 기회가 찾아온다면 당연히 그 자리에 올라야 한다.

하지만 체력을 충분히 비축하지 못했다면 1등으로 치고 나가려 스퍼트를 내는 순간 에너지가 고갈되어 페이스를 잃을 우려가 있다. 간신히 1등의 자리에 섰다고 하더라도 무서운 기세로 뒤쫓아오는 경쟁자들과 계속 거리를 유지할 수 있느냐가 문제다. 선두를 금방 내어주고 추락한 후부터는 원상복귀가 힘들다. 심리적으로도 타격을 입게 되며, 사람들의 구설에 오르고 부정적인 꼬리표가 붙는 것도 시간문제다. '실패자'라는 이미지를 벗기 위해서는 몇 배의 노력과 수고를 들여야 할 것이다.

2등의 이점은 자신과 경쟁자를 분석할 시간을 벌 수 있다는 것이다. 1등의 조직 구조, 성공의 비결 혹은 실패 원인을 분석함으로써 간접적인 경험을 얻을 수 있고 이를 바탕으로 차곡차곡 실력을 쌓을 수 있다. 또한 마음이 조급하지 않기 때문에 힘에 부치는 사업에 무리하여 뛰어드는 경우도 드물다.

선두 자리를 내어주고 여유롭게 주변과 자기 자신을 탐색하는 것은 보호색을 입는 것과도 마찬가지다. 경쟁자들이 나를 목표로 달려들지 않도록 나의 원래 빛깔을 숨긴 다음, 충분한 준비가 되었다고 느낄 때 가장 빛나는 모습으로 승자가 될 수 있다.

물러섬을
실패나 낙오로 여기지 말자

미국의 제철회사 US스틸은 1등 자리에 집착하는 것
이 오히려 독이 될 수 있음을 간파한 기업이었다. 이 회사는 선
두 자리를 빼앗긴 후 '전진을 위한 후퇴' 전술을 통해 역전승을
거두었다.

US스틸은 1901년 세 개의 제철회사가 합병하여 탄생한 기
업이다. 1950년대에 이 회사는 세계에서 규모가 가장 큰 제철
회사로 명성을 드높였다. 그런데 1960년대에 이르러 다른 나
라의 철강회사가 두각을 나타내면서 세계 1위 자리를 빼앗기
고 2위로 내려앉았다.

데이비드 로데릭David M. Roderick은 이 회사의 대표를 맡은 뒤 침체에서 벗어나기 위해 '무조건 전진'이 아닌 '현명한 후퇴' 전략을 채택했다. 우선 회사 규모를 줄이고 새로운 발전을 모색한 것이다. 로데릭은 1980년부터 공장 문을 닫기 시작해 모두 150개의 공장을 멈춰 세웠으며 제철 생산량을 30퍼센트 줄였다. 뿐만 아니라 사무 인력의 54퍼센트를 감축하고 10만 명의 노동자를 해고했다. 이와 함께 회사 소유의 임야, 시멘트 공장, 탄광, 건축자재 생산공장을 처분해서 20억 달러(약 2조 3,000억 원)에 달하는 유동자금을 마련했다.

이어서 그는 전담 팀을 꾸려 미국 내 여러 곳의 대기업을 분석한 뒤 50억 달러(약 5조 8,000억 원)를 들여 정유회사를 사들였다. 이를 통해 로데릭은 회사의 사업 영역을 넓히고 새로운 활로를 개척해 미래에 대비하고자 했다. 얼마 지나지 않아 유럽의 제철업이 침체를 겪었고 그 여파가 미국을 강타했다. 제철회사들은 줄줄이 도산했지만 US스틸은 정유업이라는 새로운 시장을 확보한 덕분에 계속적으로 발전할 수 있었다. 이 회사의 1985년 1분기 매출액은 45억 달러(약 5조 3,000억 원)에 달했는데, 석유와 천연가스 매출액만 25억 달러(약 3조 원)를 차지했다. 이렇게 해서 US스틸은 또 다른 전성기를 맞았다.

US스틸의 사례는 우리의 인생에도 충분히 적용할 수 있다. 나아감과 물러남을 아는 사람만이 적당한 시기를 이용해서 자신의 뜻을 이룰 수 있다. 물러나기만 하고 앞으로 나아가지 않는 사람은 겁쟁이다. 반대로 나아갈 줄만 알고 물러날 줄 모르는 사람은 무모하다. 상황에 따라 나아가고 물러설 줄 알아야 하며, 물러섬을 단순한 실패나 낙오로 여기지 말고 새로운 나아감을 준비하는 단계로 여겨야 한다. 그런 사람은 성공과 실패에 연연하지 않는다. 인생의 여러 굴곡을 담담하게 받아들이고 그 위에 올라서서 인생 전체를 조망할 수 있다.

초반에 힘 빼지 말고
더 단단히 준비

Do Be into psychology before 30

천리마도 기운을 다 쓰고 나면 허약한 말에게 추월당한다. 힘센 용사가 지치면 어린아이라도 그를 이길 수 있다. 이것이 바로 후발주자가 1등을 차지하는 비결이다.

《손자병법》은 '남보다 늦게 출발하고, 남보다 먼저 이르라'라고 가르친다. 또한 아래와 같은 설명으로 후발주자의 이점을 강조한다.

"아침의 사기는 하늘을 찌를 듯하고, 낮의 사기는 느슨해지며, 저녁의 사기는 쇠하여 고향을 생각하게 만든다. 따라서 군사를 잘 이끄는 자는 적의 사기가 높은 때를 피하고 적이 나태

해질 때 공격한다."

수많은 경영인들이 치열한 경쟁에서 이기기 위해 '먼저 공격해야 적을 제압할 수 있고, 한 발 늦으면 제압당한다'는 용병의 원칙을 따른다. 실제로 앞다투어 시장 선점에 나서서 막대한 이익을 거두는 데 성공한 기업들이 많다. 그러나 이와 반대로 시장이 성숙한 뒤 후발주자로 나서서 시장을 제패한 기업도 적지 않다. 이런 후발 기업들이 선발 기업을 제칠 수 있었던 것은 그들에게 선발 기업에게 없는 강점이 있었기 때문이다.

예를 들어 시장에 가장 먼저 뛰어들면 미래 상황을 예측하기 어렵기 때문에 위기 상황에서 큰 타격을 입는다. 그런데 후발 기업들은 경쟁사의 사례를 참고해서 면밀하게 시장을 분석하고 위험을 사전에 대비할 수 있기 때문에 위기를 극복하고 성공할 확률이 상대적으로 높아진다. 또한 시장을 개척하는 선발 기업은 넘어야 할 고비와 해결해야 할 문제가 산적한 것에 비해, 후발 기업은 앞서 시장에 뛰어든 경쟁사를 방패 삼을 수 있다.

선발 기업은 모든 일을 처음부터 시작해야 한다. 자금을 대량으로 투입한 것에 비해, 초기에 생산된 상품은 품질이 상대적으로 낮고 다양한 기술적 오류가 동반되기 때문에 높은 이익을 얻지 못한다. 반면에 후발 기업은 먼저 출시된 상품의 취약점을 개선하는 전략을 쓸 수 있다. 이렇게 되면 개발 비용도 절감할 수 있어 수익률이 훨씬 높아진다.

물론 후발주자에게도 핸디캡은 있다. 경쟁자들이 이미 점령한 시장에 뒤늦게 뛰어든 만큼 수동적인 상황에 마냥 갇혀 있다가는 언제까지나 지각생에 머물게 된다. 이제부터는 주도적으로 발걸음을 내딛어야 한다. 뒤늦게 경쟁에 뛰어든 기업일수록 구체적인 계획과 목표는 필수다. 혹여 경쟁에서 물러서더라도, 미래를 내다보는 큰 틀 안에서 내리는 선택이어야 한다. 결전을 피할 때도 두려움이 그 이유가 되어서는 안 된다. 적절한 타이밍을 위해서만 물러서는 것이 허용된다.

뒤늦게 출발하여 선두 자리에 오르고자 한다면 그만큼 충분히 준비되어야 함을 잊지 말라.

protecting coloration

성공한 후발주자들의
필승 법칙

Do Be into psychology before 30

일본 기업 마쓰시타는 '시장을 선점하지 않는다'는 전
략을 일관되게 지키고 있다. 이 회사는 '신기술의 선구자'라
는 수식어를 포기하는 대신 회사의 핵심 역량을 오로지 제품
의 품질 향상과 가격 관리에 쏟는 방법을 택했다. 이와 정반대
의 전략을 구사하는 기업이 소니sony였다. 소니는 막대한 자금
과 우수한 인재풀을 가동하여 적극적인 개척자의 자세로 시장
을 선점하고자 했다. 첨단 기술 개발에 회사의 역량을 쏟아부
었으며, 가전제품 시장에서 1위를 차지하는 것을 목표로 삼았
다. 두 회사는 여러 차례에 걸쳐 힘을 겨루었는데 패배의 쓴잔

은 마쓰시타가 아니라 소니에게 돌아가는 경우가 더 많았다.

VTR 경쟁이 대표적인 경우다. 1965년 소니는 세계 최초로 가정용 VTR을 개발했다. 이 제품은 단시간 내에 세계 시장을 석권했다. 마쓰시타는 소니를 급하게 따라가는 대신 기회를 기다렸고 시장의 변화 추세와 소비자 선호도를 근거로 삼아 신제품에 개발에 공을 들였다. 그 결과 녹화가 4~6시간까지 가능한 기종을 개발했으며 가격도 소니의 제품에 비해 15퍼센트 저렴하게 책정했다. 이 제품은 출시되자마자 엄청난 인기를 이끌며 소니 제품을 따돌리고 업계 1위 자리를 차지했다.

마쓰시타와 소니의 사례에서 알 수 있듯이, 후발주자는 유연하고도 끈기 있는 전략을 택해야 살아남을 수 있다. 2등이 성공을 거두기 위한 전략은 다음과 같이 정리할 수 있다.

첫째, 경쟁사의 예기가 꺾이기를 기다린다

옛말에 이르기를 '급하게 얻은 성공은 금방 사라지지만 뒤늦게 성공하면 그 결과가 오래간다'고 했다. 치열한 경쟁에서 현명한 경영자는 결코 일시적인 우열에 연연하지 않는다. 특히 강적을 만났을 때는 상대편의 예기가 꺾이기를 기다린다. 예를 들어 경쟁사에서 새로운 제품을 출시했다고 해서 다급하게 경쟁에 뛰어들어서는 안 된다. 경쟁사 제품의 수명주기 곡선

을 주시하면서 쇠퇴기로 접어들어 곡선이 하락할 때를 노려야
한다. 제품을 홍보할 때도 마찬가지다. 같은 시기에 경쟁사와
첨예하게 대립하기보다는 경쟁사의 홍보 효과가 한풀 꺾인 뒤
자사의 제품을 홍보하는 것이 효과적이다.

둘째, 시장의 흐름을 살피고 기회를 잡는다

후발주자는 이미 형성된 시장의 추세를 관찰하고 예측해서
잠재적 수요를 파악하고 틈새시장을 공략해야 한다. 스위스의
기계식 시계 산업은 오랜 시간 세계에서 정상의 자리를 차지
했다. 후발주자인 일본 기업은 쿼츠 시계(태엽이 아닌 전지로 작
동하는 시계 - 옮긴이)로 시장에 뛰어들어서 스위스 기업이 차지
하고 있던 시장을 잠식했다. 일본 쿼츠 시계가 세계적인 명성
을 누리자 이번에는 홍콩 기업이 경쟁에 가세했다. 홍콩 기업
들은 고가 시계 대신 중저가 시계 시장을 공략해서 더 많은 소
비자들을 끌어들임으로써 일본이 차지하고 있던 쿼츠 시계 시
장을 나누어 가졌다.

셋째, 실패 사례에서 교훈을 얻는다

시장에 먼저 뛰어든 기업은 참고할 대상이 없지만 나중에
진입한 기업은 경쟁사를 벤치마킹해서 장점을 취하고 단점은

보완할 수 있다. 미국의 자동차 산업은 장기간 세계 시장에서 선두 자리를 지켰다. 그러나 미국 기업들은 대형차를 선호했고 연료 소비가 많은 고급차를 생산했기 때문에 저소득층으로부터 외면당했다. 그런데 원유 파동이 일어나자 연비가 높은 소형차에 대한 수요가 늘어났다. 미국 자동차 산업의 약점을 파악하고 있던 일본 자동차 기업들은 이 기회를 놓치지 않고 발빠르게 소형차를 출시함으로써 자동차 시장에서 미국 기업을 따라잡을 수 있었다.

protecting coloration

실패보다 두려워해야 할 건
오히려 성공이다

Do Be into psychology before 30

중국의 금언 중에 이런 말이 있다.

'고생은 어찌어찌 감당하면 지나간다. 정작 문제는 평온이 찾아온 후 생겨난다.'

삶이 아무리 고달파도 그 안에서 나름대로 살아갈 방법은 있다. 삶을 정말로 구제할 길 없게 만드는 것은 '이게 내가 정 말 원하는 것인가?' 하는 허탈감과 상실감이다. 사람은 무언가 를 추구하는 과정 속에 있을 때 비로소 행복을 느낀다. 삶이 어 느 한 지점에 머물러 고이게 되면, 그때부터 문제가 생긴다.

그런 측면에서 등수나 결과는 실상 큰 의미가 없는 것일지도 모른다. 누구나 원하는 것을 얻은 후에는 다시금 새로운 목표를 향해 나아가야 한다. 그렇지 않으면 성공한 후에 오히려 방향을 잃고 혼란에 빠져들기 쉽다.

강에 사는 물고기가 드넓은 바다를 알고 나면 그곳으로 가기 위해 모든 것을 버린다. 하지만 정말 바다에 도착하고 나면 처음 경험하는 광대함과 심원함에 어찌할 바를 모른다. 목표했던 곳에 도달하자마 길을 잃어버리는 격이다. 막연한 성공에만 매달린다면 우리 역시 바다에서 길을 잃은 물고기 신세가 될 수 있다.

어떤 의미에서 성공이야말로 실패보다 더 조심하고 경계해야 할 일이다. 내가 원하는 성공이란 무엇인지 정확하게 인식하는 것은 실패를 잘 이겨내는 것 못지않게 중요하다. 성공이란 그 전까지 축적된 모든 노력의 결과이지 어느 한순간에 이루어지는 마법 같은 변화가 아니다. 그러므로 미래의 환상적인 파라다이스에 눈멀지 말라. 지금 차근차근 밟아나가는 단계 하나하나에 초점을 맞추고, 그 연장선상에서 성공을 생각할 때 우리는 '진심으로 원하던 그 자리'에 도달할 수 있다.

protecting coloration

도마뱀과
소크라테스의 공통점

Do Be into psychology before 30

우리가 살아가는 사회는 전형적인 생태계의 성격을 띠고 있다. 사람과 사람의 관계를 포장하는 그럴듯한 가면을 벗기면, 결국 적자생존의 원리에 따라 강한 자가 왕이 되는 밀림이 드러난다.

수억 년 전에 도마뱀은 거대한 공룡과 동류였다고 한다. 하지만 몸집과 힘에서 현격하게 차이가 나기 때문에 생태계에서 지위도 달랐다. 약육강식의 세계에서 공룡은 최강자의 자리를 차지했다. 하지만 시간이 흐르고 흘러 오늘에 이르러서 공룡은 멸종했고 단지 화석만이 남아 연구 대상이 되는 처지로 전락했다.

한편 작은 몸집에 힘도 약한 도마뱀은 꿋꿋하게 살아남았다. 과학자들은 그 이유가 공룡과 도마뱀의 현격한 덩치 차이에 있다고 보았다. 공룡은 몸집이 방대해서 강력한 힘을 휘두를 수 있었던 한편 에너지 소모도 그만큼 많았다. 그래서 지구에 재난이 닥쳤을 때 자신을 보호하지 못하고 결국 도태되고 말았다. 하지만 도마뱀은 작고 민첩해서 몸을 숨기기 쉬웠고 위급 상황에 에너지 소모를 최소한으로 줄일 수 있었다. 덕분에 도마뱀은 적자생존의 생태계에서 지금까지 살아남은 최후의 승자가 되었다.

약자에게는 약자만의 유리함이 있다. 강자에게 치이고 무시당할 수 있지만, 한편으로는 외부에 방해받지 않고 자신에게 집중하며 거듭 진화할 기회를 얻는다.

스스로 약자를 자처했던, 당대 최고의 현인 소크라테스의 목소리에 귀를 기울여보자. 소크라테스는 제자들에게 원만하게 세상을 살아가는 방법을 이렇게 가르쳤다.

"내가 아는 오직 한 가지, 그것은 나는 아무것도 알지 못한다는 것이다."

보이지 않는 고릴라
Invisible Gorilla

psychology

한 상황에만
집착하면
진짜 판을 못 본다

'보이지 않는 고릴라' 현상이란 한 사안에 몰두하다가 명백하게 존재하는 다른 사안을 놓쳐버리는 현상을 이르는 용어다. 1999년 미국 일리노이 대학의 실험에서 처음 이 개념을 제시했다.

실험을 설계한 두 심리학자는 먼저 동영상을 하나 만들었다. 이 동영상에는 흰색 옷을 입은 학생들과 검은색 옷을 입은 학생들이 함께 농구를 하는 장면이 담겨 있었다. 이 영상을 사람들에게 보여주면서 흰색 팀이 패스를 몇 번 했는지 숫자를 세라고 주문했다. 1분 남짓한 영상이 끝난 뒤 실험진은 이렇게 질문했다.

"패스 횟수가 몇 번이었나요?"

"열다섯 번이요."

"그런데 고릴라는 보셨나요?"

"네? 무슨 고릴라요?"

두 사람은 동영상을 다시 보여주었다. 이게 웬일인가? 정말로 고릴라 복장을 한 사람이 가슴을 두드리면서 코트를 천천히 가로지르는 것이 아닌가. 그 시간은 무려 9초나 되었다. 그런데 동영상을 본 수천 명 가운데 고릴라가 지나간 걸 눈치 챈 사람은 절반밖에 되지 않았다.

행동심리학자들을 대상으로도 같은 실험을 진행했다. 일반인들보다야 낫겠지 하고 예상했으나 놀랍게도 결과는 마찬가지였다. 어떤 학자는 두 심리학자가 두 개의 다른 동영상을 준비해놓고 속임수를 쓴 것 아니냐며 따지기도 했다. 미처 고릴라를 보지 못한 한 피실험자는 이렇게 소감을 밝혔다.

"삶 속에서 우리가 혹시 놓치고 지나가는 뭔가 중요한 것이 있지 않은지 생각해보게 되었습니다."

이 연구는 우리의 감각이 특정한 상황에 의해 얼마든지 왜곡될 수 있다는 사실을 말해준다. 동영상을 본 피실험자들은 두 교수의 지시에 따라 흰색 옷을 입은 학생들이 공을 몇 번 패스하는지 숫자를 세는 데만 집중했다. 눈을 계속 화면에 두면서도 자신이 목표로 한 것 외에는 인지하지 못한 것이다. 농구장에 나타난 고릴라라니! 그것도 가슴까지 치면서 9초 동안 화면에 머물렀는데도 말이다. 인간의 감각은 목적하는 것 이외의 대상은 쓸모없는 정보로 받아들여서 저 멀리 날려버릴 수도 있다.

실험을 진행한 심리학자들은 이런 현상을 가리켜 '무주의 맹시Inattentional Blindness'라고 표현했다. 주의를 기울이지 않아서 말 그대로 부분적인 맹인 상태가 된다는 뜻이다. 이것은 우리 인간의 주의력과 인식이 정상적으로 작동하는 과정에서 생기는 오류, 한마디로 '정상적인 이상 증상'이다. 앞으로도 우리는 눈 뜬 장님처럼 중요한 무언가를 놓치는 현상을 계속 겪게 될 것이다.

"말도 안 돼. 그게 어떻게 가능해?"
"나는 절대로 못 봤어. 인정 못해."
살아가면서 이런 말을 함부로 할 수 있을까? 분명 같은 것을 보고도 서로 다른 것을 기억하는 것이 사람이다.
어떤 문제에 부닥쳤다면 내가 보지 못한 무언가가 있다는 전제에서부터 시작해야 한다. 내가 확신하는 것, 이미 보아서 알고 있는 것 외에도 깜짝 놀랄 만한 다른 방법이 아마 존재할 것이다.

무조건 옳다고 우기지 말고, 관점을 바꿔본다면

'보이지 않는 고릴라' 실험은 우리의 감각이 언제든 왜곡될 수 있음을 시사한다. 이러한 왜곡 현상은 때로 극단적인 신념으로 이어질 수 있다.

십수 년 전의 일로 기억한다. 나치를 추종하는 세력이 놀라운 주장을 하고 나섰다. 히틀러가 제2차 세계대전 당시에 자살한 것이 아니라 1960년대까지 생존하며 은밀히 활동했다는 것이다. 그들은 그 증거물로 히틀러가 자필로 쓴 편지를 제시했다. 편지가 담긴 낡은 봉투에는 정말로 1960년대의 우편 소인이 찍혀 있었다. 전문가들이 이 편지를 검증했다. 하지만 굳이 히틀러의 필체를 감별할 필요가 없었다. 편지지가 2000년대에 생산된 제품이었기 때문이다.

그보다 더 놀라운 것은 이 사실을 접한 나치 추종자들의 반응이었다.

"맙소사! 총통께서 2000년대까지 살아 계셨다니!"

이단 종교에서도 이와 비슷한 일이 발생한다.

1954년, 미국의 한 이단 종교 교주와 신도들이 텔레비전 카메라 앞에 섰다. 그들은 그날 세상이 종말할 것이라고 주장했다. 하지만 그들이 그토록 기다렸던 그날이 완전히 지나간 후에도 지구의 종말은 오지 않았다. 사람들은 야유했고 많은 신도들이 실망한 채 자리를 떠났다. 그러나 교주와 몇몇 광신도들은 예외였다. 자신들의 믿음과 기도가 부족했기 때문이라며 더욱더 종교에 매달렸다.

이들은 자신이 중요하다고 믿는 한 가지 정보만을 선택적으로 받아들이고, 나머지 모든 사실은 두 눈을 꼭 감고서 외면했다. 고릴라 수백 마리가 코트 안에서 뒹군다 한들 인정하지 않을 사람들이다.

물론 그 정도까지는 아닐 테지만, 평범한 우리 역시 편향된 생각에 매몰되어 다른 쪽으로는 시선을 전혀 돌리지 못하는 경험을 종종 한다. 한번 생각해보라. 우리의 딱딱하게 굳은 사고와 시선 바깥쪽에는 어떤 놀라운 기회가 살아 움직이고 있을까?

Invisible Gorilla

막다른 골목에 주저앉아
절망하는 당신에게

Do Be into psychology before 30

중국 상하이에 사는 어느 청년의 이야기다.

청년은 자기 사업을 해보겠다고 여러 번 시도했지만 번번이 실패했다. 어느 날 그는 실의에 빠져 집으로 돌아왔다. 신고 있던 구두는 낡을 대로 낡아서 밑창이 해지고 솔기마저 터졌다. 여러 가지 상황에 울컥 짜증이 난 그는 있는 힘껏 구두를 걷어 찼다. 저만치 떨어진 구두는 신발코가 벌어져서 마치 입을 크게 벌리고 그의 무능함을 비웃는 듯이 보였다. 비웃는 얼굴의 신발을 보자 그는 한층 더 화가 치밀었다. 사업을 위해 모든 것을 쏟아부었는데도 성공하지 못했고, 그 바람에 미래를 약속한 연인

마저 떠나갔다. 이제는 낡은 구두까지 비웃는 신세라니…….

구두를 아예 밖으로 집어던져 버리려고 집어든 순간, 낡은 구두의 비웃는 얼굴이 그의 시선을 사로잡았고 한 가지 아이디어가 불현듯 떠올랐다. 그 직전까지 한 번도 보지 못했던 고릴라를 만난 순간이었다.

그날부터 청년은 다양한 종류의 낡은 구두를 모으기 시작했다. 이것들을 예술적으로 가공 처리해서 특이한 디자인과 절묘한 표정의 가면으로 탈바꿈시켰다. 이 가면들은 표정이 살아 있고 해학적이며 개성이 넘쳤다. 치아를 드러내고 미소 짓는 가면, 사납게 노려보는 가면, 입을 헤벌쭉 벌리고 웃고 있는 가면, 느슨하고 묘한 표정으로 매력을 발산하는 가면 등 청년이 만든 다양한 얼굴의 구두는 사람들의 시선을 끌기에 충분했다.

구두 가면은 시장에 나오자마자 곧바로 큰 인기를 얻어 히트 상품이 되었다. 그리고 한때 절망에 빠졌던 젊은 사업가는, 자신이 늘 알고 고집했던 길에서 시선을 돌림으로써 새로운 성공의 통로를 찾아냈다.

광시성廣西省의 또 다른 청년 역시 숨어 있는 행운의 고릴라를 발견한 경우였다.

하루하루 착실하게 일하던 청년은, 다니던 회사가 경영 악화로 문을 닫으면서 하루아침에 실업자 신세가 되었다. 그동안 모든 돈으로 작은 타일 가게를 열었지만 기존의 가게들과 경쟁이 치열해서 가게를 운영하기가 수월하지 않았다. 이대로 가다가는 시작한 지 얼마 안 된 가게마저 접어야 할지도 모른다는 불안감에 시달리던 어느 날이었다.

타일을 받으러 타일 공장에 갔는데 그날따라 공장 한쪽에 산더미처럼 쌓여 있는 폐타일이 눈길을 끌었다. 타일은 조금이라도 파손되면 상품 가치를 잃기 때문에 공장에서는 이렇게 쌓아두었다가 한꺼번에 폐기하곤 했다. 그 타일 더미 위에서 청년은 새로운 사업 기회를 포착했다.

그는 이 폐타일을 헐값에 대량으로 사들였다. 타일들은 깨진 정도가 달라서 가장자리를 자르고 나면 새로운 타일로 변신할 수 있었다. 그는 타일을 직접 재단하고 가공한 뒤 새로운 상품으로 탄생시켰다. 이렇게 가공한 타일을 팔아 엄청난 이윤을 얻을 수 있었다.

혹시 막다른 골목에서 주저앉아 답답해하고 있는가? 어쩌면 지금 그곳은 막다른 골목이 아닌, 새로운 길의 시작점일지도 모른다. 저기 담벼락 너머에서, 혹은 전봇대 뒤에서 날쌔게 움직이는 '행운의 고릴라'에게로 시선을 돌려보라.

이제, 순진한 생각은 버리고
심리학으로 무장하라

천하가 알아주는 장수였던 항우는 시정잡배 출신인 유방에게 일대일로 대결하자고 제안했다. 이에 유방은 "나는 지략을 겨루면 겨루었지 힘으로 싸우지는 않겠다"라며 단번에 거절했다. 이때만큼은 무조건 힘으로 해결하려 했던 항우보다, 상대방을 노련하게 유도하는 유방이 더 대장부답다 할 것이다.

주먹이 아닌 지혜로 겨루기 위해서는 상대를 자신이 준비한 판으로 끌어들여야 한다. 바둑에 빗대자면 이렇다. 상대를 바둑판 안으로 끌어들이는 것은 단순히 빈자리를 채우기 위해서가 아니라 바둑돌로 쓰기 위해서다. 내가 벌인 판 안에 놓은 이상, 그 돌은 나에게 유용하게 쓰여야 한다. 바둑돌이 많다고 해서 유리한 것만도 아니다. 돌이 너무 많으면 오히려 판 전체를 읽기가 어려워진다.

난장판처럼 얽힌 바둑판 위에서 상대방과 세상을 나의 협력자로 만드는 데 심리학은 큰 도움이 된다. 마음의 전략을 올바로 세운 사람들은, 내가 놓은 한 수가 앞으로의 판세를 어떻게 좌우할 것인지를 미리 내다본다. 바둑돌 하나를 잘못 두어 판 전체가 위기를 맞는 일도 피할 수 있다.

심리학은 해결책을 제시해주지는 않지만 최소한 원인을 밝혀 준다. 나의 마음이 왜 이런지, 저 사람의 마음이 왜 저런지, 그럴 수밖에 없는 마음의 행로를 보여준다. 마음이 어떻게 이런 모양새를 갖추게 되었는지 사연을 알면 조금이나마 나를 다스릴 수 있고, 타인을 이해할 수 있다. 적대적인 관계를 방치하지 않고 보다 나은 방향으로 관계를 설계할 수 있다. 일터에서도 스트레스를 최소화하고 업무에 온전히 집중할 수 있다. 무엇보다도 심리학을 몰랐을 때는 상처가 되었을 삶의 여러 가지 것들을 넉넉하게 품는 여유가 생긴다.

그래서 심리학을 알면 내가 원하는 판 안에서 삶을 그려나갈 수 있다.

험난한 세상에 발을 내디딘 많은 이들이, 모쪼록 이 책을 통해 '주먹이 아닌 지혜로' 겨루는 심리전의 진수를 익히기 바란다.

옮긴이 정유희

한국외대 교육대학원에서 중국어교육학을 전공했고, 방송국 토크쇼와 인터뷰 번역, 방송자막 번역 활동을 했다. 현재 번역 에이전시 엔터스코리아에서 출판기획 및 중국어 전문 번역가로 활동하고 있다. 번역서로는《수학과 문화 그리고 예술》《창업은 기회와 타이밍이다》《머리를 써야 할 때 감정을 쓰지 마라》《내 안에서 찾은 자유》《장자, 지혜롭게 경영하라》등 다수가 있다.

서른 전에 한 번쯤은 심리학에 미쳐라

초판 1쇄 발행 2020년 2월 25일

지은이 웨이슈잉
펴낸이 정덕식, 김재현
펴낸곳 (주)센시오

출판등록 2009년 10월 14일 제300-2009-126호
주소 서울특별시 마포구 성암로 189, 1711호
전화 02-734-0981
팩스 02-333-0081
전자우편 sensio0981@gmail.com

편집 이미순
경영지원 김미라   **홍보마케팅** 이종문, 한동우
디자인 섬세한 곰 www.bookdesign.xyz

ISBN 979-11-90356-22-0 03190

이 도서의 국립중앙도서관 출판예정도서목록(CIP)은 서지정보유통지원시스템 홈페이지(seoji.nl.go.kr)와 국가자료공동목록시스템(www.nl.go.kr/kolisnet)에서 이용하실 수 있습니다.(CIP 제어번호: CIP2019052182)
잘못된 책은 구입하신 곳에서 바꾸어드립니다.